오프라인
비즈니스
혁 명

KI 신서 3213

오프라인 비즈니스 혁명

1판 1쇄 인쇄 2011년 3월 4일
1판 1쇄 발행 2011년 3월 11일

지은이 정지훈 **펴낸이** 김영곤 **펴낸곳** (주)북이십일 21세기북스
기획·편집 장보라 **본부장** 이승현 **마케팅** 문병구 도건홍 박민준 이총석 김정규
디자인 엔드디자인
출판등록 2000년 5월 6일 제 10-1965호
주소 (우413-756) 경기도 파주시 교하읍 문발리 파주출판단지 518-3
대표전화 031-955-2100 **내용문의** 031-955-2147 **팩스** 031-955-2122
이메일 aboutbora@book21.co.kr **홈페이지** www.book21.com
© 2011 정지훈

ISBN 978-89-509-2969-5 13320
값 16,000원

오프라인 비즈니스 혁명

정지훈 지음

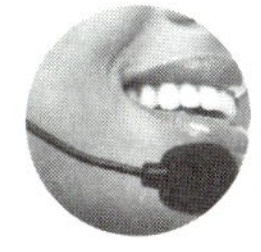

21세기북스

1960~1970년대 컴퓨터 세상을 지배하던 IBM의 회장은 "전 세계에 컴퓨터는 다섯 대만 있으면 된다"고 하였다. 당시만 해도 당연하게 여겨지던 이 말은, 몇 년 지나지 않아 스티브 잡스와 스티브 워즈니악이라는 두 명의 천재가 설립한 애플사의 애플Ⅱ에 의해 개인용 컴퓨터의 세상이 열리면서 시대를 완전히 잘못 읽은 말의 대표적인 사례가 되어버렸다.

최근엔 이러한 컴퓨터의 기능과 무선접속이 가능한 인터넷을 무기로 스마트폰이 급속도로 보급되고 있다. 이 역시도 불과 20년 전만 하더라도 상상하기 어려웠던 상황이다. 최초의 휴대폰은 벽돌 정도의 크기에 가격도 1000만 원을 호가하는 부유층의 상징으로 치부되었고, 무선 인터넷 인프라는 꿈도 꾸기 어려웠다. 그런데 이제는 아이들부터 노인에 이르기까지 스마트폰으로 과거 수퍼컴퓨터에서나 활용 가능했던 수준의 컴퓨팅 파워와 무선 인터넷을 활용할 수 있게 되었다.

최초의 스캐너나 컬러 프린터 역시 비슷한 단계를 거쳤다. 처음 상용화될 때만 하더라도 수천만 원의 가격대에 팔렸지만, 이제는 몇 만 원 정도의 부품화 단계를 거쳐서 복합기라는 이름의 하나의 기능으로 팔리고 있다. 이와 같이 과거에는 불가능했다고 생각했던 상황들이 몇 년이 지나지 않아서 현실화되는 과정을 우리는 계속해서 보고 있다. 그렇다면 다음 세대의 변화는 무엇일까? 인터넷과 스마트폰, 소셜 웹의 급속한 보급과 함께 이미 정보를 중심으로 하는 지식사회의 서막은 열렸다. 다음의 거대한 물결은 더 이상 단순한 인터넷이나 IT 기술만의 변화에 있지 않다. 바로 가장 전통적인 산업으로 일컬어지는 제조업, 서비스업, 유통업이 커다란 변화의 소용돌이로 들어가게 될 것이다. 이 책은 IT 기술의 발달과 스마트폰, 소셜 웹이 세상을 바꾸는 인프라의 역할을 하면서 나타나게 될 거대한 산업변화의 물결에 대해 언급하고자 하였다.

개인적으로 이 책을 처음 구상한 것은 2010년 1월에 출간한 《제4의 불: 휴먼에너지, 미래를 이끌어갈 원동력》(열음사)을 집필 중에 '사람들의 네트워크가 중심이 되는 패러다임 변화가 전통적인 제조업에 영향을 미치는 부분'에 대하여 기술하다가 이를 전통산업 전반으로 확대해서 보다 자세한 내용을 담아내고, 한 권의 책으로 엮어서 사람들이 미래에 대한 그림을 쉽게 그릴 수 있도록 도와주고 싶다는 동기에서 시작하였다. 그러다가, 2010년 1월 말에 《롱테일 경제학The Long Tail》으로 유명한 크리스 앤더슨Chris Anderson이 〈와이어드Wired〉의 커버스토리로 쓴 '다음 산업혁명, 원자들이 새로운 비트다In the Next Industrial Revolution, Atoms Are the New Bits' 라는 제목의 새로운 제조혁명에 대한 글을 읽으면서 본격적으로 집필을 시작하였다. 이 글의 영향을 많이 받았던 탓에 '원자가 비트를 만났을 때'라는 가제를 붙이고 자료를 조사하고, 블로그에도 글을 포스팅하면서 진행하였는데, 어느 순간 단순히 제조업에 국한되기보다는 소셜 커머스를 중심으로 하는 새로운 유통산업의 부상과 더 나아가서는 전통 서비스 산업과 경영방식의 변화에까지 써보자는 욕심이 생기게 되었다. 그래서 이 책은 1부에서 전통산업 전반에 영향을 미치게 되는 다양한 기술의 발전에 대해 다루고, 2부에서는 제조, 3부에서는 유통과 광고, 마케팅 마지막으로 4부에서는 기업의 경영에 초점을 맞추어 정리하였다.

다루는 내용의 범위가 확대된 탓에 새로운 책의 제목을 정하기가 어려워서 무척이나 고민을 하였는데, 아끼는 후배인 김재연님의 새로운 책《또 한 번의 권력이동, 소셜웹 혁명》에 추천사를 써주기 위해서 원고를 읽다가 '꿈은 오프라인에서 이루어진다'라는 무척 좋은 제목의 모티프를 발견하게 되었다. 그 역시도 필자와 같이 결국 최근의 변화의 물결이 결국에는 오프라인으로 수렴하게 될 것을 예감하였고, 꿈과 오프라인의 만남에 대한 이야기를 일부 들려주고 있었다. 여기에서 힌트를 얻어서 21세기북스 편집팀과의 협의를 통해 탄생한 제목이 바로 '오프라인 비즈니스 혁명'이다.

최근의 인터넷, 모바일, 소셜 웹, 스마트폰, 클라우드 등 IT 기반의 변화가 세상을 근본적으로 바꾸기 위해서는 그것들이 만져지지 않는 가상공간에서만 떠돌아서는 안 된다. 결국 세상에서 우리가 만질 수 있는 물건들을 접하고 사람들을 만나는, 물건과 사람들의 네트워크 속에서 구현되어 우리 사회에 근본적인 가치를 만들어낼 때 진정한 혁명이 시작된다. 이 책에서는 이런 도도한 역사의 흐름을 이야기하고 싶었다. 과거 산업혁명을 통해 에너지와 내연기관에 의한 생산성 혁신이 일어난 것이나, 철도 등의 교통인프라가 사회전체를 변화시킨 과정을 보면 초기에는 이런 변화가 가지고 있는 사회 전반의 영향력을 이해하고 있었던 사람은 별로 없었다. 그러나 이러한 혁신은 사회의 진정한 변화를 끌어내는 인프라의 역할을 하게 되었고, 수많은 파생혁신이 뒤를 따르면서 우리 사회는 수백 년 전과는 완전히 다른 철학과 삶의 방식, 그리고 직업을 가지고 살아가게 되었다. 최근의 인터넷, 모바일, 소셜 웹, 스마트폰, 클라우드 등도 결국에는 인프라가 바뀌는 것으로 해석할 수 있다. 이런 인프라가 많은 사람들에게 보급되고 이들을 엮어내는 순간에 과연 어떠한 방식의 파생혁신이 뒤따를 것인지 조금이나마 그려낼 수 있다면, 미래를 대비하는 사람들에게 미력하나마 도움이 될 것이라는 믿음으로 이 책을 집필하였다.

이 책을 통해 미래 구상을 현실화시키고, 우리 사회의 전반적인 발전과 모두가 행복해지는 세상으로 한 걸음 더 가까이 나가는 것에 일조할 수 있다면 더 바랄 것이 없겠다. 끝으로 언제나 정신없이 바쁜 남편과 아빠를 믿어주고 지원해주는 나의 아내 서가원과 우리 아이들 정선우와 정민서, 그리고 양가의 부모님들, 집필

활동을 포함한 외부활동에 지원을 아끼지 않으시는 이왕준 이사
장님 이하 관동의대 명지병원의 식구들, 마지막으로 이 책을 출간
할 수 있도록 물심양면에서 커다란 지원을 해주신 21세기북스의
스태프들과 출간의 기쁨을 나누고 싶다.

2011년 2월 18일

부산에서 서울로 올라가는 KTX 기차 안에서

정지훈

차례

머리말   004

무엇이
제조와 유통의
혁신을 일으키는가

1 소비자 중심의 사회, 소비자가 원하는 것은?   019

2 미래의 경제학 이론, 나노경제학   024

3 프로슈밍, 공급자와 소비자의 경계를 없앤다   029

4 새로운 시장과 마케팅의 원칙, 롱테일과 바이럴   036

5 소셜 웹, 제조와 유통 혁명의 인프라가 된다   049

6 유튜브를 둘러싼 바이아콤과 소니 · 유니버설의 명암   056

7 책상 위 공장, 개인화 제조 혁명의 시대   063

8 3D 프린터가 이끄는 새로운 산업혁명   070

9 가상계와 현실계의 통로가 되는 다양한 기술들의 등장   078

10 제품-서비스 융합시대, 서비스 디자인이 없는 제조의 시대는 갔다   093

가내수공업의 시대가 부활한다

1 DIY 제조업, 3D 프린터로 날개를 달다　105

2 중국 소규모 공장들을 세계의 공장으로 만든 알리바바　114

3 제조업의 킨코스를 꿈꾸는 테크샵　123

4 오픈소스 소프트웨어를 넘어 오픈소스 하드웨어로　129

5 DIY 무인 비행기, 가내수공업의 미래를 보여주다　137

6 개방형 전자산업 2.0과 오픈소스 자동차 프로젝트　145

7 고객에게 디자인을 맡겨라! Blank Label과 Threadless　154

8 햄버거 2.0을 실현하는 4food.com　161

9 나이키, 프로슈밍을 실험하다　165

10 제조융합 스타트업, 갑작스러운 스타텀에 대비하라　167

새롭게 탄생하는 유통산업과 광고, 마케팅의 미래

1   세상을 하나의 상품을 경험하는 곳으로 바라본다면   178

2   포스퀘어를 활용한 뉴욕 패션위크의 재미있는 이벤트 기획   184

3   기술과 벽보가 만나서 새로운 광고를 만들다   194

4   유통업, 소셜에 접속하기 시작하다   200

5   소셜 커머스, 소셜 소비자, 그리고 소셜 화폐   207

6   고객에게 새로운 경험을 전달하는 매장들   217

7   크라우드소싱, 마케팅과 서비스를 바꾼다   226

미래의 웹 환경과 미래기업 경영의 원칙

1 인터넷과 현실이 만나는 물리적 웹, 라이프 웹의 시대　**239**

2 차세대 인터넷의 키워드 : 실시간과 개인화, 사용자 인터페이스　**250**

3 미래를 준비하는 기업경영 방식의 변화　**257**

4 디자인 씽킹과 미래의 관리 패러다임　**266**

5 회사는 돈이 아니라 행복이 넘치는 공간이어야 한다　**283**

참고문헌　**291**

1부
무엇이 제조와
유통의 혁신을
일으키는가

인터넷의 혁신이 이제는 제조와 유통의 혁신을 부르고 있다. 지금까지 웹, 그리고 스마트폰이 촉발시킨 모바일 혁명에 이어 앞으로 우리의 삶을 크게 바꿀 변혁은 바로 전통적인 제조, 서비스, 유통산업에서 나타나게 될 것이다. 이런 변혁의 징조가 벌써 여기저기에서 보이고 있다.

1부에서는 이런 혁신을 일으키는 변화의 원동력에 대해 살펴볼 것이다. 소비자 중심의 사회와 새로운 경제이론의 부상, 그리고 프로슈밍, 롱테일, 바이럴은 모두 나노경제학을 대표하는 말이다. 소셜 웹, 스마트폰, 그리고 증강현실과 3D 프린터 등의 기술혁신을 만나면서 나노경제학은 그 실체가 점점 더 명확해지고 있다. 개개인 중심의 경제 시스템으로의 전환은 나노경제학의 중요성을 나타내고 있다.

향후 10년을 좌우하게 될 혁신의 정체와 그 원동력은 과연 무엇일까? 이제 1부에서 그 실체를 만나보게 될 것이다.

소비자 중심의 사회,
소비자가 원하는 것은?

인류 역사에서 현대 경제의 근간을 이루는 가장 하단에는 일상용품Commodities이 있었다. 일상용품이란 땅 위에서 찾아내거나 캐내거나 기르는 등의 활동을 통해 얻을 수 있는 것으로 동물, 광물, 식물 등을 의미한다. 이를 열린시장에 내다 팔아 생활을 영위하는 것으로 인간은 삶을 지속하였고, 이것이 농경제의 기본이 되었다. 이런 형태의 경제구조는 수천 년 동안 지속되었다. 그러다가 인류의 역사를 송두리째 바꾸는 산업혁명이 일어났다. 이때부터 제조업을 기반으로 한 상품Goods이라는 것이 경제의 기본이 된다. 이를 위해 일상용품은 원자재로 쓰이는 경우가 많아졌다. 이런 과정을 통해 우리 사회는 농경사회에서 산업사회로 옮겨갔다. 이제는 상품도 일상용품이 되어버렸다. 이렇게 되면서 사람들은 상품과 과거 의미의 일상용품을 유통 채널을 통해 쉽게 구할 수 있게 되었는데, 대부분의 사람들은 그것들을 얼마나 낮은 가격에 살 수 있는지에 대해서만 생각하게 되었다.

그러다가 대량생산에 대항하는 소규모 맞춤형 서비스의 필요성이 대두되었다. 그러면서 다양한 서비스산업이 나타난다. 서비스산업의 종류는 일상적인 서비스부터 정말 숙련된 기술을 필요로 하는 고급 서비스에 이르기까지 매우 다양한 형태로 발전하게 되었는데, 지난 20년 정도를 되돌아보면 이러한 서비스산업도 점차 일상용품화되고 있다. 전화나 인터넷 서비스, 패스트푸드 식당, 미용실 등도 가격과 서비스를 규격화하고 일상적인 가격을 붙여서 경쟁한다. 그렇다면 앞으로는 어떤 경제적 가치를 추구하는 시대로 넘어가게 될까? 서비스가 맞춤화된다면? 새롭게 디자인한 서비스가 특정한 사람에게 아주 딱 맞는 것이라면? 그리고 만약 그것이 바로 이 순간 그들에게 필요한 것이라면? 그렇다면 그것이 같은 가격으로 제공될 때, 가격과 가치가 일치할 수 있을까?

모든 것은 경험의 가치로 치환할 수 있다

이와 같이 각 개인이 원하는 것은 시간과 장소, 그리고 상황에 따라 모두 다르다. 이를 하나로 묶을 수 있는 개념이 바로 경험

experience이다. 앞으로는 경험이 경제가 제공하는 것의 중심이 될 것이다. 좀 더 근본적으로 고민을 해본다면, 제품의 경우에는 보통 소유 개념이 들어 있어서 따지고 보면 정해진 시간 동안 사람들의 사용을 통해 어떤 경험의 가치로 치환된다고 말할 수 있다. 그리고 서비스는 보다 직접적으로 경험과 연관된다. 그렇다면 제품이나 서비스의 경계를 넘어서 직접 경험의 가치를 측정하고, 이를 구매 또는 공유하거나 잠시 이용하는 종류의 경제 시스템이 소비자의 입장에서 보았을 때 훨씬 공정하고 올바르다고 말할 수 있다.

경험이라는 것은 우리 앞의 무대에서 벌어지는 이벤트에 대한 우리의 반응이다. 그렇기 때문에 경험에는 언제나 소비자의 감성이 녹아 들어간다. 소비자와 관련한 경험경제를 강조하는 조셉 파인Joseph Pine은 그의 TED 강연에서 경험경제 시대의 핵심은 진정성authenticity을 창출하는 것이라고 강조하였다.

그는 "사업을 영유하는 기업의 진정성과 해당 조직 및 사업의 가치가 실제와 부합하는가?" 그리고 "그것이 얼마나 소비자의 가치 창출과 이어질 것인가?"라는 질문을 던지면서 소비자 중심주의를 주창하는데, 그가 강조하는 진정성이라는 것은 오늘날과 같은 소셜 웹 시대의 투명성을 기반으로 하는 경제 시스템 변화와도 그 맥이 닿아 있다.

　광고가 사실과 동떨어질 때, 소비자들은 해당 기업을 사기꾼으로 생각하게 된다. 과거와 같이 정보가 개방되지 않고, 비교적 제한된 경험을 하던 시기에는 이것이 큰 문제가 되지 않았지만 지금은 상황이 다르다. 광고와 관계없이 훨씬 나은 경험을 하고 나면, 과거에 형편없는 경험을 제공한 기업이나 사업체, 서비스 등은 진정성과 신뢰를 잃게 된다. 진정성은 광고로 만들어낼 수 없다.

　스타벅스를 경험경제의 가치를 적용해서 생각해보자. 스타벅스가 경험을 통해서 만들어내는 경제적 가치는 무엇일까? 기본은 커피라고 생각될 것이다. 그 핵심은? 제품의 측면에서 바라보면 커피 콩이다. 지금까지 우리에게 너무나 익숙한 일상용품의 잣대를 들이댄다면 커피 콩의 가격은 몇십 원에 불과할 것이다. 그렇지만 이를 볶아내고 갈고 포장해서 상품진열대에 올려놓으면 1인분에 몇백 원 수준으로 가치가 올라갈 수 있다. 그에 덧붙여 스타벅스의 분위기를 가지고 커피를 만들어서 서비스한다면 이제는 몇천 원이 된다. 이런 커피 한 잔에 소비자들이 느끼는 것은 감성이고 다른 여러 가지 요소들이 결합된 경험이다.

신뢰와 경험경제의 시대

우리는 이제 신뢰와 경험경제의 시대로 진입하고 있다. 이런 경제 시스템에서는 무엇이 우리를 행복하게 만드는지에 대해서 다 같이 고민해봐야 할 것이다. 우리는 그런 행복을 찾기 위해 가지고 있는 시간과 돈을 쓰며, 소비자가 원하는 가치와 사업을 하는 개인이나 집단이 제공하는 가치가 진정성의 토대 위에서 만나는 시대가 도래할 것이다. 또한 이런 사회는 앞으로 우리가 지향해야 하는 목표이기도 하다. 진정성과는 관계없이 소비자를 기만하고, 수단과 방법을 가리지 않고 비즈니스라는 미명 아래 돈을 거두는 생각만 하고 있다면 그런 생각은 접을 때가 되었다. 이제는 더 이상 그런 얄팍한 속임수가 통하지 않을뿐더러, 진정성을 갖추지 못한 사람들과 기업은 일반 대중에게 외면받는 시대가 오고 있다.

미래의 경제학 이론, 나노경제학

나노경제학이라는 용어는 필자가 미래학과 관련하여 가장 처음 집필한 책인《제4의 불: 휴먼에너지, 미래를 이끌어갈 원동력》에서부터 이용한 것으로, 필자가 바라보는 미래의 경제학의 핵심을 담고 있는 용어이다. 나노nano는 10억분의 1을 의미하는 라틴어로, 흔히 아주 미세한 분자 수준에서 조작하는 나노 기술과 관련하여 많은 미래 관련 서적과 과학기술 분야에서 이용되고 있다.

필자는 미래의 경제학을 이러한 나노의 개념으로 바라보아야 한다고 믿고 있다. 앞으로는 수많은 개개인이 자신들이 가지고 있는 지식과 재화, 노하우 등을 생산과 동시에 소비하는 프로슈밍prosuming 현상, 즉 자신을 위한 생산임과 동시에 남에게 도움을 줄 수도 있는 형태의 매우 느슨하게 결합된 네트워크가 동적으로 결합했다가 끊어지는 현상이 실시간으로 이루어질 것이다. 결국 개개인이 자율적이면서도 대단히 생산적인 중요한 기준점이 되어 여러 시나리오와 이벤트, 그리고 필요에 따라 그때그때 반응하는 극도의 효율적인 시스템이 나타날 것이며, 이런 효율적인 시스템을 구축한 집단이 경쟁에서 승리하면서 마침내 미래 경제학의 주류를 이루게 될 것이다. 진보한 인터넷 환경과 기술 플랫폼들은 수백만 가지의 소규모 사업을 가능하게 만드는데, 이와 관련한 대표적인 현상이 바로 매시업Mashup(웹으로 제공하는 정보와 서비스를 융합하여 새로운 소프트웨어나 서비스, 데이터베이스 등을 만드는 것)이다. 개개인의 역량이 모여서 엄청난 결과를 만들어내는 것은 더 이상 새로운 일이 아니다.

나노경제학이란

이러한 개념은 소위 웹 2.0을 언급하면서 가장 큰 특징의 하나로 이야기하는 롱테일 현상과 그 맥이 닿아 있다. 각각의 개인이나 소규모 사업 단위의 경제적 효과에 대해, 과거 전통적인 경제학 이론은 이를 철저히 무시하는 방향으로 발전해왔다. 대중과 매스mass로 상징되는 대량생산 및 유통·배포에 의한 시스템이 현재까지의 산업사회를 이끌어온 셈이다. 하지만 산업사회의 패러다임은 인터넷을 통해 개인이나 소규모 단위의 경제 시스템들이 실시간 네트워크화되고 바이럴 효과에 의해 엄청나게 빠른 속도로 대규모 유행과 전파를 만들어내는 새로운 현상에 제대로 대응하지 못하고 있다. 새로운 게임의 법칙을 이해하고, 발전적인 미래로 나아가기 위해서는 보다 근본적인 경제·경영 이론이 정립되어야 할 것이다.

개인적으로 이를 포괄적으로 '나노경제학Nano-Economics'이라고 이름을 붙여보았다. 구글을 통해 찾아보니 나노경제학이라는 용어가 쓰인 적이 있기는 하지만, 현재까지는 과학 분야의 나노 기술에서 파급되는 여러 산업과 경제학에 대해 언급하는 쪽으로 이용되고 있었다. 일부는 이 책에서 설명하는 것과 유사한 의미로 쓰이기도 했다. 특히 한국정보화진흥원(구 한국전산원)에서 발간된 2006년 〈NCA Issue Report〉 11호에 실린 '롱테일과 나노경제'라는 제목의 글에서 롱테일 경제학을 중심으로 한 사례들을 설명하고 있었다. 이 보고서에서는 기존의 대량생산, 대량판매의 매스경제에서 아주 사소한 특정 소비자들이 주역으로 부상하는 나노경제로 패러다임이 변화하고 있다고 언급하면서, 나노경제를 소비자 개개인의 필요에 정확히 부응하는 서비스와 정보 등을 제공하며 개인 및 소량 단위의 거래 규모를 확대하는 것으로 규정하고 있다.

소셜 웹 시대, 개인 주도의 경제가 부상할 것

소셜 웹 시대에는 개개인의 기여와 이들이 네트워크로 묶이면서 나타내는 효과가 시장 우위의 핵심 요소가 될 것이며, 마케팅과 유통의 측면에서도 사용자의 소문 및 평가에 의한 소셜·바이럴 마케팅 및 소셜 쇼핑이 일반화될 것이다.

나노경제학을 굳이 표현하자면 아마도 '롱테일 경제학+바이럴 경제학+링크(네트워크)의 경제학+매시업 경제학+알파' 정도로 말할 수 있겠다. 전통적인 경제학을 구분할 때에도 거시경제Macroeconomy와 미시경제Microeconomy로 나누었기에, 나노경제Nanoeconomy라는 용어가 전체적인 개념을 표현하기에는 적당하다고 생각한다. 소비자 중심의 경제 시스템으로의 전환은 이러한 나노경제학의 중요성을 배가시키고 있다. 결국 소비자가 중심이 되어 경험의 가치를 극대화하는 데 직접 참여함으로써 가장 중요한 프로슈밍 현상을 일으키며, 과거에는 거대한 회사들이 대량으로

생산하고 유통하지 않으면 볼 수 없었던 다양한 제품이나 서비스
들을 만나볼 수 있는 롱테일, 그리고 소비자들이 직접 대규모 유
행을 일으켜 마케팅 및 영업활동을 대체하는 바이럴 현상은 나노
경제학의 가장 중요한 세 가지 원칙으로, 소비자 중심의 경험 및
신뢰 기반의 경제와도 그 맥락이 일치한다.

프로슈밍, 공급자와 소비자의 경계를 없앤다

나노경제학과 앞으로 소비자 중심의 사회로의 변화를 앞두고 가장 중요한 원칙이 바로 프로슈밍이다. 이 용어는 프로슈머Prosumer라는 용어에서 나온 것으로, 생산Produce과 소비Consume를 동시에 한다는 의미로 돈 탭스코트가 1996년 저술한 《디지털 경제The Digital Economy》라는 책에서 처음 등장한 용어이다. 프로슈머의 개념은 다양한 방식으로 현대 사회에 적용되고 있으며, 이 책에서도 가장 중요하게 다루는 DIYDo It Yourself 관련 산업의 유행과도 그 맥이 닿아 있다.

슈퍼마켓에서 시작된 프로슈밍

이렇게 거창하게 프로슈머와 프로슈밍을 이야기하지 않더라도 우리의 일상적인 소비활동 자체의 변혁이 일어났던 최초의 프로슈밍 사건은 1916년 미국에서 일어났다.

과거에는 오늘날처럼 커다란 유통 체인이 발달하지 않았고, 주로 작은 식료품 가게나 슈퍼마켓과 같은 형태의 유통업체들이 동네에 자리를 잡고 있었다. 이런 가게에서 물건을 사려면 오늘날의 약국에서처럼 일단 줄을 서서 원하는 물건을 이야기하면 점원이 그 물건을 찾아서 가져다 주고 계산을 하는 것이 일반적인 방식이었다(이것은 한국에 한정된 이야기로, 오늘날 미국의 약국 체인에서는 소비자들이 마음대로 돌아다니면서 상품을 고른다).

이런 방식의 상점의 개념을 송두리째 바꿔버린 사람이 바로 클라렌스 사운더스Clarence Saunders이다. 그는 오늘날에는 아주 일반적인 방식이지만 당시로서는 혁신적인 아이디어를 도입하였는데, 물건을 사려는 사람이 상점의 물건 진열대로 들어와서 물건을 고르고, 이를 계산해주는 방식을 허용한 것이다. 이렇게 함으로써 소비자들은 원하는 물건을 쉽게 고를 수 있었고, 가게 주인들은 점원을 적게 고용해도 되었기에 누이 좋고 매부 좋은 상황이 되었다. 이에 고무된 사운더스는 이러한 셀프서비스 슈퍼마켓의 개념을 특허까지 내게 된다. 이것이 어찌 보면 우리의 일상 속에 가장 깊숙이 들어와 있는 프로슈머 개념이다. 우리도 모르는 사이에 소비자Consumer가 점원Producer의 역할을 하고 있는 것이다.

이제는 아예 계산대에서도 직원들이 필요 없어질 모양이다. 유럽에서는 마트에 들어갈 때 포터블 스캐너를 들고 들어가서, 자신이 고른 물건을 모두 계산하고 마지막에 나갈 때 자신이 알아서 정산을 하는 새로운 방식이 보급되고 있고, 미국에서는 홈디포Home Depot를 시작으로 계산대에 점원이 아닌 무인계산대가 있어서 물건을 산 사람들이 직접 스캔을 하고 계산하는 셀프 체크아웃Self checkout 시스템을 적용하는 유통업체들이 빠르게 늘어가고 있다. 이제 소비자들의 무보수 프로슈머의 역할이 더욱 늘어나게 된 것이다.

그렇지만 뭐니뭐니 해도 최고의 무보수 프로슈머의 생산성을 이용하는 기업은 바로 아마존Amazon.com이라고 할 수 있을 것이다. 아마존의 소비자들은 서적과 음반에 대한 리뷰, 개인의 의견 등과 같은 소중한 콘텐츠를 무료로 제공하고 있으며, 회사에서는 상품에 대한 정보를 나열할 뿐 모든 유통 활동을 소비자들에게 맡기고 있다. 그럼에도 불구하고 이를 불편해하는 사람들이 이제는 거의 없다.

이처럼 프로슈머 경제는 소리 소문 없이 우리의 일상을 점령하고 있다. 작은 발상의 전환 하나가 새로운 경영과 효율, 그리고 미래형 기업으로 변신하는 기폭제가 될 수 있다는 사실에 주목할 필요가 있다.

프로슈머가 함께 키우는 기업, 레고

프로슈머와의 관계에 있어 가장 모범 사례가 되는 기업은 바로 덴마크를 대표하는 기업인 레고LEGO이다. 레고는 처음 등장했을 때만 해도 작은 플라스틱 벽돌 조각을 이용해서 장난감을 조립하도록 하는 회사였지만, 그 영역이 점점 넓어져서 이제는 마인드스톰Mindstorm과 같이 거의 반 컴퓨터-로봇 부품을 생산하는 수준에 이르렀다. 마인드스톰이라는 제품은 그 첨단성에서도 대단한 의미를 가지는 제품이지만, 기업 문화에도 엄청난 영향을 미쳤다.

마인드스톰은 출시되자마자 성인들에게도 대단한 인기를 얻었다. 오래지 않아 사용자 그룹이 형성되었고, 이들은 마인드스톰 로봇 시스템을 완전히 분해해서 센서, 모터, 제어장치 등을 새롭게 조립하고, 프로그래밍도 다시 하면서 다양한 형태의 새로운 조립 제품들을 만들었다. 이들 그룹은 자신들의 성취를 다른 모든 마인드스톰 사용자들에게 전파하고 싶어서, 레고 본사에 자신들의 노하우와 조립 방법을 제공하겠다고 제안한다.

이때 레고 본사의 첫 번째 반응은 황당하게도 "소송을 걸겠다"는 것이었다. 레고 본사 측은 자신들의 노하우나 앞으로의 제품 라인업과 관련한 핵심 역량이 외부인들에 의해 침해되었다고 생각한 것이다. 특히 해킹을 통해 컨트롤러를 재프로그래밍한 것에 대해서는 상당한 위기의식이 있었다고 한다. 이러한 레고 본사의 반응에 사용자 그룹은 당연히 극렬하게 반발했고, 결국에는 레고가 입장을 선회해서 사용자들의 제안을 제품에 반영을 하기로 하였다. 레고가 이들의 제안을 받아들인 후 실제로 소비자들로부터 상당히 좋은 반응을 얻게 되자, 레고는 공격적으로 소프트웨어 사용허가 계약서에 해킹할 권리까지 넣으면서 마음껏 새로운 시도를 할 것을 장려했다. 거기에 더해 마인드스톰 웹페이지http://mindstorms.lego.com를 따로 꾸며 사용자들이 소프트웨어를 원하는 대로 배포하고 수정하도록 장려하였다. 이 웹사이트에서 고객들은 마인드스톰 SDKSoftware Development Kit를 무료로 다운로드할 수 있으며, 자신이 만든 완성품의 소프트웨어 코드, 필요한 부품 등에 대한 상세한 명세를 올릴 수 있다.

각각의 고객들이 새로운 작품을 하나 올릴 때마다 마인드스톰의 가치는 실제로 조금씩 상승한다. 공짜로 일을 해주는 수많은 연구개발자들이 있는 것과 마찬가지이니 말이다. 2005년 마인드스톰의 새 버전인 NXT를 출시하면서 레고는 또 하나의 실험적인 시도를 하였다. 그동안 마인드스톰 커뮤니티에서 가장 활발히 활동한 사용자 4명을 거의 1년 동안 사실상 레고 직원으로 일하게 한 것이다. 그들의 참여에 의해 발표된 NXT는 현재까지도 가장 잘 만들어진 로봇 개발툴이라고 할 수 있을 정도로 완성도가 높고, 수많은 창작물을 자랑하고 있다.

이러한 마인드스톰의 성공 사례를 벤치마킹하여, 레고는 전통적인 블럭 키트에도 "고객 중심의 개발 방식"을 적용하기 시작했다. 고객들이 직접 레고세트를 맞춤형으로 설계할 수가 있는데, 레고의 가상공장에 들어가서 맞춤형 모델을 설계, 공유하고 구매까지 할 수 있게 되었다. 일단 3D 모델링 프로그램Lego Digital Designer을 다운로드하고, 이를 이용해서 작품을 창작한 뒤에 조립 설명서와 키트를 업로드하면, 자신의 모델을 필요한 부품과 함께 구매할 수도 있고 다른 사람들이 이 작품을 구매할 수도 있다.

이제 레고는 본사에 있는 제품 설계자 100명이 만드는 제품이 아니라, 전 세계 수십만 명의 창의력을 활용하는 작품으로 재탄생한 셈이다. 이와 같이 미래에는 소비자들의 참여를 보다 적극적으로 받아들이는 기업에 많은 기회가 생길 것이다. 소비자들을 단순히 돈만 내는 대상으로 보기보다는 협력과 상생을 하는 동료로 보는 사고의 전환이 필요하다.

새로운 시장과 마케팅의 원칙, 롱테일과 바이럴

새로운 미래의 나노경제학 원칙 중에서 프로슈밍과 함께 중요한 나머지 2가지 원칙이 롱테일long tail과 바이럴viral이다. 프로슈밍이 전통적인 소비자와 공급자의 시각과 역할의 새로운 원칙으로 자리매김한다면, 롱테일과 바이럴은 각각 유통·시장과 광고·마케팅의 새로운 원칙이라고 할 수 있다.

새로운 유통의 원칙으로 중시되는 롱테일

유명한 조직 이론 중에서 이탈리아의 경제학자인 파레토가 주장한 "80:20 법칙"이라는 것이 있다. 아마도 대부분의 직장인들 중에서 파레토 법칙을 모르는 사람들은 거의 없을 것이다. 원래의 내용은 "부의 80%는 인구의 20%가 소유한다"는 것이지만, 원인을 제공하는 20%가 80%의 효과를 일으킨다는 형태로 다양하게 적용되고 있다.

대표적인 것으로 "매출의 80%는 20%의 상품에서 나온다", "회사 성과의 80%는 20%의 우수한 인원으로부터 나온다" 등이 있다. 파레토 법칙은 인사와 영업, 관리 등 모든 영역에서 매우 광범위하게 이용되고 있는데, 이를 좀 더 철학적으로 접근하면 결국 "소수가 중요하고, 대다수는 불필요하다"라는 인식을 낳게 되고, 이러한 측면을 부각하여 일부에서는 파레토 이론을 "핵심 소수의 법칙 law of the vital few"이라고 부르기도 한다.

이 법칙을 신봉하는 많은 기업들은 불필요한 80%를 무시하면서 중요한 20%의 자원에 집중하는 경영 전략을 펼치게 되고, 80%에 역량을 넣어봐야 투입된 비용도 못 건진다고 생각한다. 실제로 아직도 이 원칙은 건재하며, 많은 경우 가장 효과적으로 이용될 수 있는 것임에 틀림없다. 서점을 예로 들어도 대부분의 매출은 베스트셀러에서 발생한다. 잘 팔리지 않는 책들을 가져다 놓아도 재고 비용이나 보관 비용만 증가하니 이익이 나지 않는 것이다. 그러므로 되도록 회전율이 빠른 우수 상품을 많이 파는

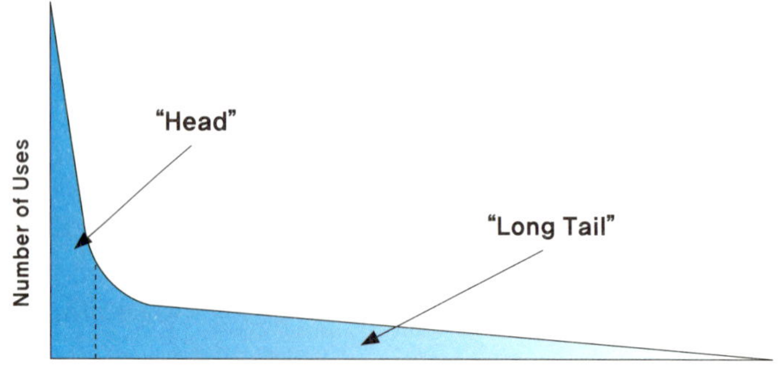

팻헤드(Fat Head)와 롱테일(Long Tail)

형태로 마케팅 및 영업을 하게 된다.

이러한 80:20 법칙에 도전장을 내고, 새로운 환경을 만들고 있는 것이 현재의 인터넷과 소셜 웹이며, 롱테일은 새로운 유통 환경으로서 많은 기업에 새로운 기회를 선사하고 있다. 롱테일 현상을 설명할 때 가장 먼저 나오는 비교가 바로 아마존과 반스앤노블스Barns and Nobles이다. 아마존은 현재 세계 최대의 인터넷 서점인 동시에 전자상거래를 대표하는 기업이고, 반스앤노블스는 미국 최대의 오프라인 서점 체인으로 최근 경영악화로 어려움을 겪고 있다. 롱테일은 인터넷을 통해 판매된 책에 대한 그래프를 해석하면서 처음 나온 용어인데, 그래프의 세로축에 판매부수를, 그리고 가로축에 가장 많이 팔린 책부터 제일 적게 팔린 책까지 늘어놓는다고 가정하면, 보통 베스트셀러로 선정되는 10위권

안쪽의 책 판매량이 압도적으로 많고, 그 뒤로는 급격히 떨어지는 형태가 된다. 그런데 가로축에 들어오는 책의 종류가 워낙 많기 때문에, 앞의 그림에서 보듯 마치 공룡의 긴 꼬리를 연상시킨다고 하여 붙여진 이름이 바로 '롱테일'이다.

인터넷은 유통과 상거래의 기법을 엄청나게 변화시켰다. 기본적으로 도서의 경우 창고와 재고 관리에 상당히 큰 고정 비용이 들어가기 때문에, 롱테일은 수익보다는 손실이 나는 부분이다. 이를 메우기 위해서는 잘나가는 베스트셀러로 많은 수익을 내는 것이 필요하다.

인터넷은 이러한 구조를 완전히 바꾸어버렸다. 롱테일 현상은 2004년 가을 미국의 유명 IT 잡지인 〈와이어드Wired〉 지의 편집장 크리스 앤더슨Chris Anderson이 미국의 대표적인 서점 체인인 반스앤노블스가 보유하고 있는 도서는 총 13만 종인데, 아마존은 판매순위 13만 등 이하의 책으로 전체 매출의 절반을 올린다는 내용의 기사를 쓰면서 유명해졌다. 사실 이 기사는 과장된 것으로 실제로는 약 1/3 정도라고 수정이 되었지만, 전체적인 맥락에서 아마존이라는 기업이 얼마나 혁신적인 변화를 이끌어가고 있는지 단적으로 보여주고 있다.

　보통의 서점들은 재고 비용으로 인해 책을 서가에 모두 비치하지 못하는데, 아마존은 책을 추가하는 데 들어가는 비용이 사실상 거의 없기 때문에 무려 230만 가지가 넘는 책을 다룰 수 있다. 거기에 잘 안 팔리는 책은 가격 측면에서 유리한 점이 있어서 이익도 많이 남는다. 비슷한 현상은 온라인 음악 시장에서도 나타나는데, 애플의 아이튠스에서도 빅히트 곡보다는 수많은 곡이 다양하게 팔리는 현상이 나타나고 있다.

　아마존의 경우 독자 서평이나 추천 글 기능, 그리고 연계된 책에 대한 자동 소개 기능 등으로 다양한 종류의 책들이 소화되기 시작했다. 기존의 베스트셀러만 눈에 들어오고 노출이 되었던 오프라인 서점과는 비교할 수 없는 기회가 만들어진 것이다. 여기에는 검색엔진도 중요한 역할을 하였다.

　이와 같이 롱테일 전략을 이용한 기업들의 성공은 앞으로 수많은 개인의 개성과 다양성을 극대화하는 다양한 사업이 존재한다는 것을 시사하기도 한다. 그리고 롱테일 전략은 특성상 기존의 선두를 달리고 있는 기업보다는 새롭게 진입하려는 기업에 기회가 될 것이다. 대기업은 롱테일 부분에 집중할 경우 비용 구조 때문에 성공을 거두기 어렵지만, 개인과 소기업의 경우 구글이나 아마존처럼 롱테일 인프라를 제공하는 곳과의 협업을 통해 나름의 영역을 구축할 수 있을 것이다.

새로운 마케팅 원칙, 바이럴 현상

바이럴 현상은 마치 바이러스처럼 네트워크를 타고 입소문이 번지는 것을 의미하는데, 최근 마케팅에서 입소문word of mouth이 퍼지는 방식이 이와 유사한 형태이다. 과거에는 광고와 마케팅이 많은 수의 구독자나 시청자를 대상으로 많은 돈을 들여 진행하는 일방향적인 도구였기 때문에, 중소기업이나 개인은 속도가 느린 사람들의 입소문에 의존할 수밖에 없었다. 그런데 소셜 웹의 등장으로 사람들의 네트워크 범위가 커지고, 동시에 이들을 통한 확산 속도가 빨라지면서 대규모 유행을 만들어내는 일이 가능해졌고, 이에 따라 미래의 나노경제학의 광고 · 마케팅과 관련하여 가장 중요한 원칙으로 등장하게 되었다.

최근 인기를 끌고 있는 스포티파이Spotify라는 서비스는 한 달에 일정한 사용료를 내면 무제한으로 음악을 스트리밍 서비스로 들을 수 있다. 이와 유사한 형태의 스트리밍 서비스로 last.fm이나 판도라 라디오 등이 있으며, 우리나라의 벅스뮤직 등도 이런 구독 모델을 가지고 있다. 이런 서비스는 사람들이 많이 듣고 찾는 음악을 모니터하고 통계를 낸 후 전체 수익금을 그에 맞게 배분하는 비즈니스 모델을 가지고 있는데, 음악을 듣는 사람은 일정한 돈을 내고 자신이 원하는 곡을 마음대로 들을 수 있고, 음악을 제작하는 사람의 입장에서는 많은 사람들이 사랑해주고 들어주면 그만큼 돈을 더 받을 수 있는 서비스 모델이다. 이는 음악이 더 이상 소유의 개념이 아니라 즐기고 서비스하는 모델이 되는 것을 의미하는데, 이렇게 되면 최대한 많이 퍼져서 사람들로부터 많은 사랑을 받는 음악이 더 수익을 많이 올리게 되며, 복제를 장려하고 더욱 유명하게 만드는 데 초점을 맞추게 된다. 이를 간단히 수학공식화하면 아래와 같다. 이 공식은 마이크 매스닉Mike Masnik이 techdirt.com 블로그에 처음 공개한 것이다.

팬과의 커넥션 정도　　　+　　　사야 할 이유
(Connect with Fans, CwF)　　　(Reason to Buy, RtB)

=　　　비즈니스모델
(The Business Model)

실제로 이런 공식에 의해 성공을 한 예가 점점 많이 나오고 있다. 이런 특성을 가장 잘 이용한 뮤지션은 누가 뭐래도 나인인치 네일스의 트렌트 레즈너Trent Reznor가 아닐까 한다. 이미 그는 여러 가지 형태의 실험을 시도했었는데, 수백만의 팬들에게 열광적인 지지를 얻으면서 위 공식의 CwF와 RtB를 강화하는 것으로 커다란 성공을 거두었다.

레즈너의 전략을 잘 뜯어보면, 어떻게 하면 팬들에게 쉽게 다가갈 수 있는지 항상 고민한다. 웹사이트도 잘 꾸미고 다양한 포럼과 채팅방, 페이스북, 마이스페이스, 트위터 등 소셜 네트워크 서비스를 적극 활용하고, 그리고 팬들이 어떻게 하면 자신과 잘 연결될 수 있으며 자신의 음악에 노출될 수 있을지 고민하고, 유튜브를 통해 자신의 뮤직비디오를 최대한 많이 퍼뜨린다. 트렌트 레즈너는 유튜브를 통해 자신의 팬 영역을 확대한 뒤 그들을 콘서트장으로 유도한다. 그리고 콘서트장에 올 때에는 카메라를 가지고 와서 자신의 공연을 마음대로 찍고 유튜브에 올리는 것을 장려한다. 이는 또 다른 바이럴 효과를 일으키면서 수많은 사람들에게 자신의 음악을 노출시킨다. 앞의 공식에서 CwF를 지속적으로 크게 만드는 것이다. 여기에 노출된 새로운 사람들 중에서 그의 음악을 좋아하는 사람들은 아이튠스나 아마존 등을 통해 음원을 돈을 주고 산다.

여기에 더 나아가서 그는 자신의 사진을 많은 사람들이 찍어서 개인 블로그나 SNS 서비스에 올리는 것을 장려함으로써 팬들에게 자신의 팬이 되었음을 자랑스럽게 여기도록 하고, 팬들이 더욱 좋아하게 만드는 서비스를 제공한다. 팬들이 홍보하는 사람으로서 활동할 수 있도록 최대한의 배려를 하는 것이다. 여기에 더해서 공짜로 자신과 쉽게 소통할 수 있고, 자신의 음악 일부를 들을 수 있는 아이폰 앱을 배포함으로써 팬들과의 유대성을 강화한다. 이를 통해 팬들은 그를 정말 사랑하게 되고, 지속적으로 음원을 구매하게 된다. 잘 알려진 바와 같이 트렌트 레즈너와 나인인치네일스는 음원인 MP3 파일을 아예 공짜로 뿌리기 시작했고, 수많은 파일 공유 사이트에서 다운로드하도록 방치하면서 사람들이 음악을 듣고 구매하도록 유도하고 있다. 그의 CD는 아마존에서 판매순위 1위에 올랐을 뿐만 아니라, 이렇게 좋아하는 팬들이 늘어나면서 DVD와 블루레이, 그리고 사진 책이 들어 있는 75달러짜리 디럭스 에디션 패키지까지 불티나게 팔렸다. 300달러짜리 울트라 디럭스 한정판의 경우 2500명에게만 공급하면서 또 하나의 매진 행렬을 기록했는데, 2500개가 모두 팔리는 데 걸린 시간은 30시간, 하루에 매출액 75만 달러를 기록했다. 그는 음악을 공짜로 풀었지만 이를 통해 팬들과의 커넥션을 강화하고, 팬들로 하여금 자신을 위한 무언가를 사고 싶어 하는 의지를 갖게 했고, 이를 해소할 수 있는 상품을 내놓았다.

바이럴 현상을 가장 잘 이해하고, 이를 적극적으로 활용하는 또 하나의 스타는 바로 레이디 가가Lady Gaga이다. 그녀는 끊임없는 기행, 파격적인 음악과 퍼포먼스로 전 세계에 수많은 팬들을 가지고 있다. 레이디 가가는 이런 음악적인 면에서도 평가할 부분이 많지만, 자신의 브랜드를 관리하고 이를 마케팅하고 경영하는 기법에서도 세계 최고의 실력을 보여주는 뮤지션이다.

첫 번째 앨범 〈Fame〉이 2009년 베스트셀러 데뷔앨범의 자리에 오르면서 그녀는 단숨에 최고 스타의 자리를 예약하였다. 그러나 이것은 시작에 불과했다. 그녀가 세계 최고의 스타로 등극한 것은 유튜브와의 협업이 시작되면서부터이다. 레이디 가가의 싱글은 〈Just Dance〉 뮤직비디오가 유튜브를 통해 공개되면서 8700만 회라는 경이적인 조회 수를 기록하게 되는데, 이후 그녀의 노래들은 디지털 세상에서 최고의 자리를 놓치지 않았다.

2009년에만 2천만 번이 넘게 디지털 트랙이 다운로드되었고, 〈Poker Face〉를 포함한 여러 곡들이 디지털 뮤직 판매와 다운로드의 역사를 모두 새로 썼다.

레이디 가가는 뮤직비디오를 거의 전위예술 퍼포먼스에 가까운 방식으로 꾸민다. 최고의 히트곡들 모두 다른 방식과 형태를 이용했지만, 모두가 파격적이라는 점은 똑같다. 이런 퍼포먼스를 좋아하든 싫어하든 많은 사람들에게 소위 말하는 "Wow" 팩터와 함께 입소문을 전달하게 하고, 이런 입소문을 그냥 말로만 퍼뜨리는 것이 아니라 연결성이 강력한 소셜 웹을 통해 실체가 있는 뮤직비디오 형식으로 퍼지게 함으로써 홍보를 극대화하였다. 레이디 가가는 그녀 자신이 그 어떤 마케팅보다 강력한 것이 바이럴 마케팅이라는 것을 잘 알고 있었고, 자신을 바이럴 마케팅의 대상으로 삼았다. 또한 다양한 소품을 바이럴로 유행시키기 위해 파격적인 소품들을 입고 나타나거나 뮤직비디오에 등장하면서, 이런 물품들 하나하나가 재미있는 소재가 되었고, 이런 여러 가지 이야기들이 전통 미디어의 관심을 끌면서 2009년에만 1만 회가 넘게 TV나 신문 등 주요 매스미디어에 오르내렸다.

그런 만큼 레이디 가가는 공연이나 스테이지에 대해서도 굉장히 까다롭다고 한다. 최고의 퍼포먼스를 보여주기 위해서 작은 페인트 하나까지도 점검하고, 완벽을 기해서 사람들이 대단한 경험을 할 수 있도록 노력한다. 이런 노력이 물론 바이럴 효과에 커다란 영향을 미쳤으리라는 것은 누구나 쉽게 짐작할 수 있다. 트위터도 대단히 열성적으로 이용하는데, 헤어스프레이 사용과 같은 작은 준비에 대한 이야기부터, 자신의 아버지가 최근에 심장수술을 받았다는 소소한 일상 이야기 등 언제나 팬들과 소통을 하는 모습을 보여주면서 트위터 공간에서도 최고의 인기 스타로 자리매김하였다. 가끔은 패션쇼나 무대에서의 재미있는 광경을 짧은 동영상으로 직접 촬영해서 올리기도 하는데, 스타가 팬들을 어떻게 즐겁게 할 수 있는지에 대해서 더없이 잘 알고 있는 것이다. 또한 그녀는 트위터나 페이스북으로 다른 사람들의 브랜드를 알리고 공유하는 일에도 적극적이다. 그리고 다양한 사람들이나 파트너들과의 협업과 협연을 두려워하지 않아서 볼쇼이 발레단과의 공연에서는 프랭크 게리Frank Gehry가 디자인한 모자를 쓰고, 현대미술가 데미언 허스트Damien Hirst가 채색한 피아노를 연주하기도 하였으며, 비욘세나 마이클 볼튼 등과 같은 뮤지션과 협연하고, 심지어 마돈나와 TV쇼에 같이 등장해서 거의 키스 상황까지 연출하며 뉴스거리를 제공하였다.

그녀의 성공은 미래의 산업 및 경영과 관련하여 시사하는 바가 크다. 물론 음악하는 사람은 음악을, 연기하는 사람은 연기를, 영화하는 사람은 영화를 잘해야 하는 것이 맞다. 그렇지만 하나만 잘하는 사람들이 성공하라는 법은 없다. 대중 스타라면 대중의 마음을 읽고, 그들에게 어떻게 행복을 선사할 수 있는가를 끊임없이 고민하고, 동시에 좋은 방법이 있다면 과감한 시도를 통해 새로운 것을 보여주고 사랑을 받을 수 있다면 훨씬 더 좋은 것이다. 바이럴 현상을 활용하는 모범을 보여준 트렌트 레즈너와 레이디 가가의 사례는 단순히 음악과 엔터테인먼트 산업에만 국한된 것이 아니다. 마케팅과 광고에 있어서도 이런 바이럴 현상을 잘 활용한다면 막대한 자금이 투입된 대형 TV광고보다 더 나은 효과를 볼 수 있다. 더 이상 돈이 없어서 광고와 마케팅을 못해 성공하지 못했다는 변명은 통하지 않을 것이다.

소셜 웹, 제조와 유통 혁명의 인프라가 된다

소셜 웹 열풍이 뜨겁다. 전 세계 트위터 이용자 수가 어느덧 1억 명을 돌파하고 2억 명에 접근하고 있으며, 국내에서도 폭발적으로 사용자 수가 늘어나 2011년 1월 말에는 250만 명이 넘는 사람들이 이용하는 중요한 서비스로 자리 잡았다. 페이스북의 성장세 역시 놀랍다. 이미 전 세계 사용자가 6억 명을 돌파한 세계 최대의 소셜 네트워크 서비스인데, 국내에서는 2010년 초 30만 명 정도의 사용자가 있는 것으로 알려졌지만 1년 사이에 열 배가 넘게 늘어 350만 명을 넘은 것으로 파악되었고, 이 추세가 지속된다면 올해 연말에는 국내 사용자 1천만 명에 육박하는 대형 서비스가 될 전망이다.

이렇게 엄청난 속도로 커져가는 소셜 웹 서비스가 제조와 유통 산업에는 어떠한 영향을 미치게 될까? 과거와는 달리 제조업과 유통, 소비, 그리고 마케팅이 따로 놀지 않고 사람들의 참여가 활성화되면서 서로에게 영향을 주고 종합적인 효과를 나타낼 가능성이 높다.

마케팅에 중요한 요소로 부각되는 소셜 웹 서비스

2009년 할리우드에서는 전혀 예상하지 못했던 2개의 영화가 트위터를 통해 급격하게 부상하면서 커다란 흥행을 만들어냈다. 트위터의 영화감상평이 실시간으로 수많은 관객 동원 효과를 나타낸다는 것을 입증한 사건이다. 그 대상이 된 영화는 피터 잭슨의 〈디스트릭트 9District 9〉과 초자연 호러영화인 〈파노라말 액티비티Paranormal Activity〉이다. 이 영화들은 모두 비교적 저예산으로 제작되었지만 모두 흥행 1위를 기록했는데, 이들의 흥행에는 트위터가 커다란 영향을 미쳤다는 것이 일반적인 시각이다. 2009년 최대 흥행작 중에서 엄청난 광고·마케팅 비용을 포함하여 많은 제작비를 투입한 〈뉴문〉과 〈해리포터〉, 그리고 최고의 흥행기록을 만들어낸 〈아바타〉를 제외하면 위의 두 편이 최고의 흥행작이 되었는데, 다른 작품들과 달리 사람들의 직접적인 추천을 통해 좋은 영화가 선택된 사례라고 하겠다. 앞으로는 트위터를 통한 영화

감상과 이에 따른 추천이 영화의 흥행을 좌우하는 시대가 올 수도 있을 듯하다.

이미 국내에서도 영화배우 박중훈@moviejhp 씨를 비롯하여 여러 영화배우 및 제작사 등이 적극적으로 소셜 네트워크 서비스를 활용하는 움직임을 보이고 있다. 박중훈 씨는 자신이 출연한 〈내 깡패 같은 애인〉의 시사회에 트위터 친구들을 초대했는데, 이들이 좋은 입소문을 내줌으로써 간접적인 흥행 성과를 보았다는 후문이다. 또한 이런 소셜 네트워크 서비스를 활용해 영화 랭킹을 매기고 시사회를 하는 등 새로운 서비스들도 속속 나타나고 있기 때문에, 우리나라에서도 날이 갈수록 트위터나 페이스북 등 소셜 네트워크 서비스가 영화 흥행에 많은 영향을 미치게 될 것이 분명하다.

소셜, 모바일, 실시간이 핵심 키워드

인터넷은 앞으로 어떻게 변화할까? 여러 가지 이야기가 나오지만, 앞으로 가장 핵심이 될 키워드는 소셜social, 모바일mobile, 실시간real-time이 될 것이라는 점에는 대부분의 전략가들이 동의하고 있다. 이를 달리 말한다면 다양한 장비들이 언제 어디서든 접속되

어 있다는 것을 의미하며, 사람들의 참여가 중요한 경험을 부가시
키게 된다.

트위터의 유행어를 보여주는 트렌딩 토픽Trending Topic을 보고 있
으면, 특정 프로그램이나 이벤트에 대해 사람들의 대화가 집중되
는 현상을 쉽게 관찰할 수 있다. 이와 관련해서 뉴욕 타임스에서
재미있는 표현을 썼는데, 마치 더운 여름에 가상의 워터쿨러가 설
치되면, 여기를 중심으로 사람들이 몰려드는 것에 빗대어 워터쿨
러 효과Water Cooler Effect라고 한 것이다. 트위터의 경우 실시간으로
많은 사람들에게 이와 같은 유행이나 정서가 쉽게 번져 나갈 수
있으며, 트위터 참여자들의 인간관계인 소셜 그래프를 통해 해당
이벤트나 프로그램에 대해서 잘 모르던 사람들을 끌어들일 수 있
다. 원래 해당 프로그램에 관심이 없었던 사람도, 주변에서 떠들
어대면 왠지 봐야만 할 것 같은 느낌이 드는데, 이런 심리가 시청
률을 끌어올린다는 것이다.

실제로 2010년 슈퍼볼의 경우, 미국 역사상 최고의 시청률을
기록했다고 한다. 여기에는 트위터와 페이스북과 같은 소셜 네트
워크에서 슈퍼볼이 가장 큰 화제가 되면서 사람들을 경기 시간에
TV 앞으로 끌어들이는 효과를 가져온 것이 가장 큰 이유로 알려

지고 있다. 비록 TV 프로그램에 이러한 소셜 네트워크 서비스가 직접 관여하지는 않지만, 간접적으로는 커다란 영향을 미치고 있는 것이다.

소셜 웹은 경험을 업그레이드 시킨다

소셜 웹 서비스는 사람들이 서로 연결된 세상에서 좋은 경험을 같이 나누는 기쁨을 맛볼 수 있게 한다. 이는 분명히 혼자 또는 소수의 사람들이 물건을 사고 이용하는 경험을 하거나, 반대로 특별히 공유되는 경험 없이 사람들과 소통만 하는 것과는 또 다른 업그레이드된 디지털 경험을 줄 수 있다는 점에서 중요한 시사점을 던져준다. 결국 좋은 경험을 어떻게 많은 사람들과 동시에 공유할 수 있는가를 고민해야 하는 것이다. 달리 말하면 소셜 웹은 제품을 만들고 활용하고 좋은 경험을 나누는 것, 그리고 이를 유통하는 것에 이르는 전체적인 제품-서비스 라이프사이클에 전체적으로 관여하면서 이를 증폭시키는 역할을 할 수 있는 것이다.

소셜 웹은 중소 상인들과
지역 기반 비즈니스에 기회 요인

현재까지 트위터를 비롯한 소셜 웹 서비스는 비즈니스와 비즈니스 관계보다는 사람과 사람의 관계를 중시하기 때문에, 작은 상점의 주인과 이들과 관계가 있는 소셜 웹 사용자들에 의한 인간적인 마케팅, 비즈니스 가능성이 성공할 수 있다고 점쳐진다. 중소 상점 주인들은 특별판매나 세일, 신상품 정보, 각종 이벤트 등을 적절하게 제공함으로써 과거 대형 상점이나 유통업체에 밀렸던 새로운 니치마켓을 공략할 수 있게 되었다.

이러한 성공에 자극을 받아 지역 기반의 대형 아울렛 등에서도 이제 반격을 준비하고 있다. 전 세계 수천 개의 장소에서 영업을 하고 있는 대기업들도 이제는 적극적으로 나설 태세이다. 물론 소규모 점포들과 같은 형태의 마케팅은 성공하기 어렵기 때문에 그들에게 어울리는 다른 방법을 이용한다. 스타벅스의 경우 수백만 달러 규모의 마케팅 프로그램으로 미국 내 6개 대도시에 포스터를 붙이고 스타벅스 기업 계정을 통해 이 포스터의 사진을 찍어서 가장 먼저 트위터로 사진을 올리는 사람에게 경품을 주는 행사를 진행하기도 하였다.

그러나 이러한 소셜 웹의 등장은 기본적으로 거대한 대중매체에 큰돈을 들이지 않으면 마케팅과 영업을 하기 힘들었던 중소 상점 및 제조 기업들에 상대적으로 나은 기회를 제공한다. 불고기를 활용한 이동형 레스토랑으로 트위터에서 엄청난 인기를 누리면서 성공적인 사업을 영위한 미국의 Kogi BBQ와 같은 독특한 니치 상품을 이용한 성공 사례는 이미 우리나라에서도 낯설지 않은 상황이 되고 있다. 특히 대형 유통업체들이 제공할 수 없는 전략적인 사고를 한다면 중소 규모의 기업, 그리고 자영업자들에게도 성공 기회가 주어질 수 있다는 자신감을 불러일으키고 있다.

소셜 웹은 이런 측면에서 대형화를 통한 규모의 경제밖에는 경쟁 방법이 없어 보였던 유통업의 기본적인 싸움의 법칙을 흔들기 시작했다고 하겠다.

유튜브를 둘러싼 바이아콤과 소니·유니버설의 명암

2009년과 2010년 유튜브를 둘러싼 세계적인 미디어 그룹인 바이아콤Viacom(MTV 등을 소유한 세계적 미디어 그룹)과 소니, 유니버설의 자사 뮤직비디오 저작권 침해에 대한 대응방법이 극명하게 갈리면서 완전히 다른 결과를 낳게 되었는데, 이 사건은 시대 변화에 따른 미래의 저작권 대처방법에 대해 과거와는 다른 시각이 필요하다는 것을 보여주는 상징적인 사건이 될 것으로 보인다.

저작권에 대해 고리타분한 접근을 한 바이아콤

바이아콤이 선택한 길은 뮤직비디오에 대한 저작권 침해 소송이었다. 이 소송은 뮤직비디오뿐만 아니라 앞으로 동영상 콘텐츠와 관련한 판례로서 중요한 의미를 가지기 때문에 세기의 법정소송으로 기억될 가능성이 높다. 바이아콤은 유튜브가 자사에 이익을 가져다 주는 콘텐츠를 사용자들이 무단으로 올리는 것을 방치함으로써 자사의 재산권을 침해했다는 명목으로 10억 달러(1조 2천억 원)에 이르는 배상금을 청구하는 것을 주요 내용으로 한 소송을 제기하였고, 유튜브는 자신들이 저작권 침해의 여지가 있는 콘텐츠는 최대한 걸러내고 있지만, 기본적으로는 저작권 침해를 당했다고 주장하는 콘텐츠에 대한 신고가 들어오면 이에 대해 조치 하는 방식을 취하고 있다.

유튜브는 법정 다툼에서 DMCA Digital Millennium Content Act (디지털 시대 콘텐츠 법)에서의 '안전한 항구 safe harbor'라는 개념을 이용하여 유튜브와 같은 플랫폼 제공 및 발행자는 콘텐츠를 삭제해달라는 요청이 들어오는 경우, 이를 성실하게 제거해주기만 하면 책임을 면할 수 있다는 논지를 펼쳤다. 이 법정소송은 불리한 내용이 담긴 이메일을 공개하거나, 바이아콤이 소송을 유리하게 이끌기 위하여 위장 아이디로 콘텐츠를 업로드한다는 폭로가 이어지는 등 과열양상을 보이면서 감정 싸움으로 번지기도 하였는데, 1차 소송에서는 인터넷 비디오 스트리밍 콘텐츠 역시 DMCA 원칙을 적용할 수 있다는 판결이 나옴으로써 유튜브가 승리했다고 볼 수 있다.

유튜브와 손을 잡아버린 소니·유니버설

이와 같은 소송으로 인해 로열티나 엄격한 사용 허가 조건이 따라붙게 되고, 연구나 2차 창작에 필요한 각종 데이터, 콘텐츠나 경험 등의 사용이 줄어든다면, 결국 여기에서 파생될 더욱 커다란 이익을 포기하는 결과를 가져올 수 있다. 그런 측면에서 저작권을 가지고도 공유와 협업의 원리를 이해하고 유튜브와 손을 잡고 VEVO라는 서비스를 시작한 소니·유니버설의 약진은 더욱 의미가 깊다. 두 기업은 많은 사람들이 레이디 가가나 샤키라, 저스틴 비버의 뮤직비디오를 아무런 제한 없이 즐길 수 있도록 하였고, 수백만 명의 사람들이 이들의 음악을 사랑하게 되면서 자연스럽게 디지털 음원 구매나 콘서트 및 광고 수익 등으로 과거보다 훨씬 커다란 수익을 올리고 있다. 유튜브의 2010년 상반기 결산 결과를 보면 가장 많은 사람들이 시청한 유튜브 영상 10개 중에서 무려 6개를 VEVO의 뮤직비디오가 차지하였다.

바이아콤이 소송으로 역주행을 하는 사이에, 소니와 유니버설은 자사 소속의 뮤지션들을 전 세계적인 스타로 탄생시키면서 새로운 시대의 규칙과 사회적인 모델에 대한 훌륭한 해답을 하나 제시한 셈이다.

법과 현실의 괴리, 지적재산권에 대한 생각

　개인적으로 이러한 형태의 저작권 논란은 앞으로 더 많이 일어날 것으로 본다. 또한 보다 근원적으로 과도한 저작권 보호의 개념 자체에 대한 새로운 질서가 만들어질 필요가 있다고 생각한다.

　웹 2.0으로 촉발된 양방향성, 공유와 참여, 집단지성 등의 새로운 트렌드는 점차 대세가 되어가고 있으나, 이러한 새로운 변화의 물결에 대하여 지적재산권과 관련한 부분들이 시대의 변화에 전혀 순응하지 못하고 있다는 점은 커다란 문제가 아닐 수 없다. 물론 지식이라는 것은 창조하는 사람이 있어야 하는 것이고, 창조한 사람은 상당한 투자를 했기 때문에 이에 대한 보상이라는 기본적인 틀이 마련되지 않는다면 창조 자체의 동기부여가 되지 않아서 씨가 마를 것이라는 주장은 정당하다. 소위 지적재산권 관련법이라는 것들이 이런 목적을 위해 제정된 것이고, 그 본질적인 가치는 변하지 않았다. 그렇지만 이 법 자체가 미국에서 제정된 지 30년이 넘었는데 여러 종류의 판례를 거치면서 법의 폭과 범위, 용어의 의미가 지나치게 확장되어 현실과는 동떨어지고 있다는 것이 문제이다.

국내에서도 미국 지적재산권법의 영향을 받아, 자의반 타의반으로 이에 대한 강력한 단속과 제재 수위가 날로 높아만 가고 있는데, 미국의 지적재산권 및 저작권과 그 판례가 가져온 것은 지나친 확대 적용에 따른 창조와 혁신 과정의 퇴보이다. 올바른 발전 방향은 좋은 발명과 창조에 대한 보상을 제공하고 그와 함께 개방성을 장려하는 것이다. 그렇지 않으면 사회의 발전과 진보를 이루기보다는 인간의 탐욕에 의해 단지 자기가 소유한다는 욕심이 지배하여 창조가 개발과 개방으로 이어지지 못하면서, 인류 역사의 진보를 가로막는, 본래의 법 제정 취지와는 완전히 반대 방향의 족쇄가 되어버릴 것이다.

가장 큰 문제는 지식이 과도하게 사유화되고 있다는 점이다. 최근 수십 년 동안 지적재산권은 끊임없이 강화되어온 반면, 공공과 개방의 영역은 지나치게 제한되어가고 있다. 예를 들어 1980년 미국에서 제정된 베이 돌Bayh Dole 법안이 있다. 이 법안은 특허의 자격을 공공연구기관으로까지 확대한다는 내용을 담고 있는데, 이를 통해 기초과학의 영역에서마저 특허라는 지식의 사유재산권을 지나치게 강화하는 토대가 마련되었다. 물론 발명이라는 것이 상업화되고, 상업화 자체가 점점 늘어나기 때문에 공공기관이나 대학, 연구 분야에 있는 사람들에게 이러한 형태의 지적재산권이 좋은 인센티브가 될 수 있다. 그렇지만 결국 개방적인 과학 문화를 침식시키는 엄청난 악재가 될 수도 있는 양날의 검이라고 할 수 있다.

웹 2.0 시대, 개방과 협업의 시대와 지적재산권

사실 개방이라는 특징을 가진 웹 2.0이 현재와 같은 폭발력을 가지기 전만 하더라도, 이런 강한 지적재산권이 어느 정도 효력을 발휘했고, 개방성이 제한되더라도 상업화를 하는 기업들의 경우 어느 정도 "게임의 룰"이라는 것을 전해줄 수 있었기 때문에 긍정적인 면과 부정적인 면이 밸런스를 이루어 큰 문제가 되지는 않았다. 그렇지만 웹 2.0의 철학이 폭발적으로 사회에 보급되면서, 개방과 공유의 강력한 힘이 끓어 넘치는 현재의 상황에 대해 이 법안들이 가지는 의미는 부정적일 수밖에 없다. 개방의 힘으로 혁신이 이루어지고 있는 마당에, 1980년에 제정된 원칙을 가지고 개방의 힘을 약화시키는 법안을 들이댄다는 것은 시대착오적인 발상이다.

　과학과 비즈니스, 그리고 다양한 콘텐츠에서 기본적으로 처음부터 자신이 만들어낸 것은 극히 일부를 빼고는 전혀 없다고 해도 과언이 아니다. 결국 남이 해놓은, 그리고 역사가 이룩해놓은 데이터와 자료, 그리고 경험에 접근해서 이를 바탕으로 진보를 이끌어내는 것이 과학이고 창작이다. 이를 철저하게 가로막고, 특허와 저작권이라는 이름의 압력, 기술 계약 또는 기술 이전을 위해 지불해야 되는 정치적·경제적 부담, 또한 변호사들과 변리사들만 좋아할 복잡한 사용 허가 범위와 클레임 등은 현재의 공유 정신을 철저히 가로막는 부담으로만 작용할 것이다.

책상 위 공장, 개인화 제조 혁명의 시대

세계가 굉장히 빠른 속도로 개인화의 시대에 접어들고 있다. 산업 혁명 이후에 시작된 대량생산 및 유통 체제의 시대가 드디어 개인화의 시대로 다시 넘어가는 조짐이 여기저기에서 보이고 있다.

제조업을 개인이 할 수 없는 이유는 무엇일까? 공장을 구하고, 사람을 고용하고, 기계를 구입하는 일에 들어가는 자본이 엄청나기 때문이다. 가격이 떨어져서 누구나 쉽게 제조할 수 있게 되면 제조 2.0Manufacturing 2.0의 시대에 접어들면서 누구나 창의적인 제품을 만들어 쓰거나 자신이 만든 것을 직접 판매하게 되는 시대가 되는 것이다. 핵심은 얼마나 제조 단가를 낮추고, 기계 가격이 떨어질 수 있느냐에 달려 있다.

MIT의 개인 공장 패버 프로젝트

패버fabber라는 단어는 디지털 제작을 위한 디지털 패브리케이터digital fabricator를 말하는 것으로, 디지털 데이터를 이용해 자동으로 물건을 만들어내는 컴퓨터 시스템이다. 일단 원하는 물체의 3차원 디지털 모델을 만들면, 실제 재료를 더하거나 빼거나 결합할 수 있는 도구를 프로그래밍하고 이를 통해 물건이 만들어지는 것이다.

패버 프로젝트의 선두에 서 있는 곳이 MIT의 CBAThe Center for Bits and Atoms다. 이 센터를 운영하는 네일 거쉰펠드Neil Gershenfeld 교수는 1943년 IBM의 회장이었던 토머스 왓슨Thomas Watson이 처음 컴퓨터 판매와 관련하여 전 세계 시장에서 컴퓨터가 겨우 5대 정도 팔릴 것이라고 이야기했다는 일화를 예로 들면서, 조만간 데스크톱 공장의 시대가 올 것이라고 주장한다. 사실 토머스 왓슨의 시대에는 컴퓨터가 특수한 방에서 특수 기술자가 운영할 수 있는 거대한 기계였기 때문에 PC처럼 일반화될 것이라고는 상상조차 못했던 것이다. 같은 맥락에서 대량생산을 하는 공장이 책상 위로 올라오리라는 생각을 지금은 하기 어렵지만, 결국 시간 문제일 뿐이라는 것이다.

개인용 패브리케이터가 나온다면, 오늘날 디지털 음악 파일을 다운로드하듯이 원하는 설계도 파일을 다운로드해서 돌리기만 하면 제품이 나오는 시대가 될지도 모른다. 사실 사진의 경우도 필름 현상과 인화 작업이 과거에는 코닥이나 후지필름 작업 공장에서나 가능했지만, 동네의 한 시간 현상소로 넘어오고, 이제는 디지털카메라와 컬러 프린터를 통해 개인 작업으로 넘어온 것을 감안하면 이런 상상을 헛된 것으로 치부할 수는 없을 듯하다.

현재 MIT에서 구성한 개인용 패브리케이터는 방 하나 정도에 5~6가지의 기계를 연계한 방식으로 존재한다. 문제는 이를 구성하기 위해서는 약 5만 달러에 달하는 높은 비용이 들어간다는 점이지만, 이 문제는 결국 PC가 보급되었듯이 시간이 지나면 가격이 내려가면서 해결될 문제다. 이미 작은 크기의 오픈소스 3D 프린터의 경우 조립하면 약 750달러에 구성할 수 있다. 3D 프린터와 관련해서는 따로 더욱 자세하게 다룰 것이다. MIT의 패버 세트의 경우 컴퓨터 컨트롤이 가능한 도구들과 재료들, 전자 부품들을 이용해서 아주 작은 구조물부터 집을 지을 수 있을 정도의 제조가 가능하다고 하니, 그런 시대가 예상보다 앞당겨질 수도 있을 듯하다. 현재 MIT의 패버 시스템은 주변에 큰 공장과 유통 시설이 없어서 생활에 어려움을 겪고 있는 노르웨이 북극 인근 지역과 남아프리카 공화국, 인도의 시골 등에 설치되어, 이들이 생필품을 인터넷에 연결하여 직접 생산할 수 있도록 하고 있다.

에스프레소 북머신과 메이커봇 프로젝트

에스프레소 북머신Espresso Book Machine은 온 디맨드 북On Demand Book(주문으로 만드는 종이책)이라는 개념을 퍼뜨리게 된 기계로, 출판 2.0 시대를 앞당길 가능성이 높은 개인 출판용 기계다. 이미 구글의 북서치google book search 프로젝트와 미시간 대학 등과 같은 유수 대학 도서관에 자리를 잡고 많은 양의 책을 만들어내고 있다.

기계의 가격은 약 12~13만 달러(한화 1억 5천만 원 내외)다. 책한 권을 만드는 데 3~4분 정도가 걸리며, 한 권당 들어가는 소모품 비용은 3~5달러 정도로 저렴하다. 이 기계가 보급되면 근처

문방구에서 간단히 필요한 책을 출판할 수 있게 될 것이다. 서비스와 함께 묶어서 개인 출판을 할 수도 있고, 전달도 가능할 것이다. 물론 이북eBook 비즈니스와 함께 진행하는 것도 좋은 방법이 될 것이다. 여기에 카페나 사람들과의 토론 공간 등 복합 공간화가 된다면 더욱 멋진 문화 공간이 될 것이다. 출판이라는 제조업이 다양한 콘텐츠 및 문화를 포함한 서비스업과 결합하면서 새로운 산업을 만들어낼 가능성이 생기는 것이다.

〈동영상 QR 코드 2〉 에스프레소 북머신 동작 영상

에스프레소 북머신이 성큼 다가온 아주 가까운 미래라면, 3D 프린터의 대중화와 함께 부품 및 재료를 같이 제공하는 온라인 매장을 열기 시작한 메이커봇Makerbot은 약간의 시간은 더 걸리겠지만 본격적인 제조 2.0 시대를 맛볼 수 있는 프로젝트다. 여러 종류의 3D 프린터가 있지만, 그중에서 비교적 작은 물품을 제조할 수 있는 컵케이크Cupcake라는 기계의 경우 이미 수백 대가 보급되었다고 한다. 누구나 쉽게 750달러의 키트를 사서, 기계 자체를 조립할 수 있다는 점이 최대의 장점으로, 가격 저항을 뚫었다는 측면에서 앞으로 발전이 기대되는 프로젝트다. 디자인이나 사용방법, 매뉴얼과 소프트웨어까지 오픈소스 방식으로 진행되고 있으며, 앞으로는 더 커다란 기기도 제작될 것이 확실하다. 집에 놓기가 어려운 크기라면 가까운 동네 제작소에서 자기가 원하는 설계도를 인터넷상에서 다운로드하거나, 수정한 것을 올려놓고 제작 버튼을 누른 뒤 찾으러 가는 시대가 곧 도래할 것이다.

〈동영상 QR 코드 3〉 메이커봇의 컨베이어 벨트가 달린 최신 3D 프린터

현대 기술의 인프라라고 할 수 있는 에너지, 통신, 제조는 대부분 커다란 프로젝트로 많은 자본을 필요로 하며, 개인화할 수 있는 것이 아니다. 그런데 통신의 경우에는 가장 먼저 개인 수준의 네트워크가 구성되고 있다. 에너지 역시 다양한 방식의 개인 또는 가정용 전기 생산이 가능해지고 있다. 그다음은 디지털 패브리케

이션이다. 개인이 프로그래밍할 수 있는 패브리케이터가 보급되면 디지털로 디자인한 모든 것들이 실체화되는 단계를 개인이 소유하는 혁명적 변화가 나타날 것이다. 이렇게 되면 결국 중요한 것은 설계 부품과 설계 아이디어와 같은 무형의 지식 자산이다. 창의적이고 독창적이며 개성 있는 재능이 최대의 가치를 가지게 될 것이다.

3D 프린터가 이끄는
새로운 산업혁명

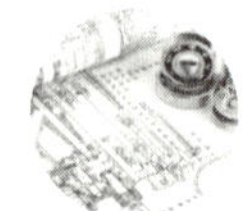

필자는 개인적으로 혁신의 원동력으로 가장 중요한 요소가 쉽고 easy 싼cheap 것이라는 점을 강조하는 편이다. 그동안 기술적으로는 3D 프린팅(3차원 물체를 직접 찍어내는 것)과 관련한 여러 가지 가능성이 소개되었고, 제조업이 개인과 작은 기업 및 가내수공업 형태로 다시 부활하기 위한 핵심 기술로 부각되기도 하였지만, 실제로 그렇게 사회적인 반향을 일으키지 못한 것은 워낙 비싼 가격의 영향이 컸다는 생각이다. 그런데 드디어 이런 쉽고 싼 새로운 혁신이 이루어지면서 조만간 커다란 변화의 조짐이 보이기 시작했다.

리조트 모형과 의수, 의족의 재발견

LGM의 창업자인 찰스 오버리Charles Overy는 최근 발리에 새로운 리조트를 짓기 위해 먼저 모델을 하나 제작하였는데, 얼마 전까지만 하더라도 약 10만 달러의 비용을 들여 두 달 정도 만들어야 했던 모델을 단 2천 달러의 비용으로 하룻밤 만에 제작할 수 있었다고 한다.

Bespoke라는 회사의 공동설립자인 스캇 서밋Scott Summit은 그의 파트너인 정형외과 의사와 함께 커스텀 의족을 만들어 파는 사업을 준비하고 있는데, 과거에 비해 1/10의 비용으로 사람들에게 꼭 맞는 의수, 의족과 관련 액세서리를 제작해서 판매할 수 있게 되었다.

<동영상 QR 코드 4> 3D 프린터로 즉석에서 제작하는 의수, 의족

이런 일이 가능해진 것은 3D 프린터의 가격이 떨어졌기 때문이다. 플라스틱이나 금속을 깎거나 녹여서 반죽을 쌓아올리는 방식으로 정밀하게 만들어 실제 물체를 저렴하게 찍어낼 수 있게 되면서 그 적용 영역이 점점 다양해지고 있다. 최근에는 아이폰 케이스나 램프, 문 손잡이, 보석, 건축 모델과 의류 등에 이르는

모든 제조업에 이용된다는 사례가 보고되기 시작하였고, 입소문을 통해 소비자 주도형 시장에서 맞춤형 제품이라는 장점을 등에 업고 그 보급이 확대될 것으로 예측되고 있다. 이들 각각에 대한 이야기는 2부에서 더욱 자세하게 다룰 것이다.

심지어 캘리포니아의 한 벤처회사는 아예 이 기술을 활용한 집을 짓고 있다. 트랙터 트레일러에 프린터를 싣고 다니면서, 컴퓨터로 제작한 패턴을 이용해서 특수 콘크리트 층을 쌓고, 전체 벽을 연결해서 집의 형태를 만드는 것이다. 이런 형태의 시도를 처음 시작한 엔리코 디니Enrico Dini라는 건축가는 특수 제작한 사암(沙岩) 3D 프린터로 컴퓨터에 입력된 모델을 찍어낸다. 현재 3m×3m×3m 크기와 6m×6m×1m 크기까지의 건축자재를 찍어낼 수 있고, 이렇게 찍어낸 것을 이동시켜서 쌓을 수도 있지만, 아예 기계를 트럭에 싣고 해당 위치로 이동해서 땅 위에 바로 찍어낼 수도 있다.

주목해야 할 3D 모델 유통사업 및 제작 공방의 활성화

이미 다양한 3D 소프트웨어를 통한 3D 모델들은 쉽게 제작 가능하고, 이미 제작된 모델을 구해서 적용할 수도 있다. 이를 통해 상당히 괜찮은 공짜 3D 모델이 유통되고, 잘 만들어진 예술적인 3D 모델은 판매도 가능한 마켓이 형성되고 있다. 대부분 표준 3D 모델 포맷인 STL 모델을 지원하기 때문에, 구글의 스케치업 SketchUp과 같은 공짜 3D 소프트웨어로 작업을 하고, 간단히 자신이 만든 모델을 유통시킬 수도 있다.

이미 3D 프린팅 기술 자체는 디자이너들이 프로토타입 작업을 하면서 고가의 장비로 이용하거나 외주를 통해 만드는 데 많이 이용되어왔다. 보잉과 같은 회사에서는 실제 비행기 디자인을 완성하기 전에 테스트 제품들을 3D 프린터로 먼저 만들어보고 테스트한 뒤 마지막 설계에 반영하고 있으며, 국내 자동차 회사 등에서도 적극적으로 활용하고 있다. 그런데 이런 작업을 할 수 있는 3D 프린터는 그 가격이 그동안 보통 1만~10만 달러에 이르는 고가의 제품이었는데, 최근 메이커봇 등을 시작으로 1천 달러 이하로 제품을 만나볼 수 있게 된 것이다.

이렇게 되면 과거 대량생산에 의한 생산 비용의 저하와 싼 가격이라는 장점을 내세운 기성품의 절대적인 가격 우위가 무너지게 된다. 그보다는 창조의 자유와 사람들의 개성을 넣은 제품을 싸게 만들 수 있게 되면서 색칠과 마지막 터치 등을 통해 간단히 소비자들이 원하는 제품을 만들어주는 일종의 공방 등이 활성화될 가능성이 많으며, 더 나아가서는 누구나 자신이 원하는 제품을 만드는 상황까지 나타날 가능성이 커지고 있다.

암스테르담에 있는 프리덤 오브 크리에이션Freedom of Creation이라는 회사에서는 호텔이나 레스토랑에서 이용할 수 있는 독특한 가구나 문양 등을 디자인하고 3D 제조하는 작업을 하고 있는데, 최근에는 아이폰 케이스나 로레알 제품의 독특한 모양의 화장품 용기, 심지어 핸드백 등까지도 제조해서 판매하기 시작했다. 10년 전 26세의 나이로 이 회사를 창업한 얀네 키타넨Janne Kyttanen은 자신이 이런 사업을 시작했을 때 주변의 모든 사람들이 '달나라에 사는 사람'이라 비아냥거렸다고 한다. 그런 만큼 꿈과 같은 이야기였는데, 이것이 현실화되기 시작한 것이다. FOC는 미리 생산을 하지 않고, 디자인만 만들어 올렸다가 주문이 들어오면 그때 바로 찍어서 배달을 하기 때문에 위험이 매우 낮은 비즈니스를 하고 있으며, IKEA와 같은 거대 회사들이 그들의 사업 모델을 매우 경계하고 있다고 한다.

〈아이언맨 2〉를 가능하게 한 3D 프린팅 기술

2010년 〈아이언맨 2〉가 전 세계적인 흥행에 성공했다. 최근 발전한 3D 기술과 컴퓨터 그래픽 기술이 호평을 받은 작품이다. 그런데 이 영화의 제작에 3D 프린팅 기술이 한몫했다는 사실은 생각보다 많이 알려지지 않았다.

〈아이언맨 2〉의 특수 분장에 사용된 소품들은 대부분 3D 프린팅을 통해서 간단하게 제작되었다고 한다. 3D 모델을 바탕으로 4시간이면 즉석에서 만들어낼 수 있기 때문에 영화를 실감나게 찍는 데 큰 도움이 되었다. 이 영화에 이용된 모델은 오브젝트Object라는 회사에서 만든 에덴Eden이라는 프린터이다. 잉크젯 카트리지에 파우더 형태의 플라스틱을 넣고, 이것을 뿌린 뒤에 즉석에서 자외선 처리 해서 붙이는 방식으로 제작되는데, 각각의 층은 몇 마이크론에 불과하기 때문에 매우 정교하게 만들 수 있다고 한다. 3차원 물체가 만들어지면 여기에 적당한 페인트를 칠하는 것으로 준비가 완료된다.

즉석에서 배우들에게 맞도록 커스텀 피팅을 해서 만들 수 있고, 약간 불편하다고 하면 바로 다시 제작할 수 있기 때문에 영화 제작에 있어서 많은 시간을 절약하였다고 한다.

HP와 구글의 사업 진출, 일반 소비자 시장에도 큰 변화

이러한 3D 프린터 시장의 거대한 가능성에 눈을 뜬 HPHewlett-Packard는 스트라시스Stratasys의 3D 프린터를 디자인젯DesignJet이라는 이름으로 판매하기 시작했다. HP에서 보급하는 디자인젯의 원형인 스트라시스의 uPrint 3D라는 모델은 최고 20cm×15cm×15cm 정도 크기의 물체를 가공할 수 있다고 한다. 또한 구글은 LGM의 CADspan 소프트웨어를 활용해서 사람들이 스케치업으로 디자인한 모델을 실제 3D 프린터 물체로 만들 수 있는 서비스를 제공하기 시작했다.

현재 3D 프린터와 함께 활발하게 연구되어 저렴한 가격으로 나오기 시작한 3D 스캐닝 제품들이 함께 이용된다면, 향후 손쉽게 물체를 복제하고 여기에 독특한 업그레이드 등을 할 수 있는 기술들이 각광받게 될 것이다. 아마도 주변에서 볼 수 있는 카페나 스마트워크 센터, 문방구 또는 새롭게 등장하는 공방 등에서 작업을 통해 쉽게 자신만의 물건을 만들어볼 수 있는 기회가 오지 않을까? 다시 가내수공업의 시대로 돌아가는 것이 얼마 남지 않았다.

가상계와 현실계의 통로가 되는 다양한 기술들의 등장

컴퓨터 소프트웨어를 개발하는 사람이 고려해야 할 가장 중요한 요소는 무엇일까? 몇년 전만 하더라도 가장 중요한 것으로 간주되던 것은 좋은 알고리즘이나 데이터베이스 디자인, 소프트웨어 아키텍처, 소프트웨어 공학과 같이 실제로는 눈에 잘 안 보이는 것들이었다.

물론 이렇게 눈에 잘 보이지 않는 요소들의 중요성은 현재도 동일하지만, 최근에는 사용자 인터페이스User inerface, UI와 관련된 기술의 중요성이 날로 높아만 가고 있다. 인터넷이 단순히 정보를 일방적으로 가져오는 곳이 아니라 양방향성과 커뮤니케이션이 중요하다는 인식을 불러왔고, 이러한 양방향성은 웹과 서버 그리고 작고 다양한 클라이언트에 모두 맞출 수 있는 형태의 새로운 UI를 요구하기 시작한다. 불과 몇년 전만 해도, 아니 아직도 대부분의 소프트웨어는 윈도우가 지배하는 UI 세상에서 살고 있다. 윈도우에서 제공하는 메뉴, 탭, 콤보 박스, 테이블들과 같은 표준 인터페이스 요소들은 우리가 사용하는 모든 소프트웨어를 지배했고, 동시에 소프트웨어 세계 전체를 그들의 조합이라는 울타리에 가두었다. 이러한 환경에서는 UI 분야에서 소위 말하는 혁신Innovation이 일어날 수 없었고, 그 결과 UI 분야의 발전은 그 내재한 가치에 비해 훨씬 뒤처진 상태에 머물러 있었다. 만약 이러한 표준 인터페이스를 벗어나 파격적인 UI를 선보이는 곳이 있으면 대부분의 사람들이 이를 위험하고 정통적이지 않다고 여기고 과소평가했으며, 심지어 어리석은 일로 치부하기도 했다. 그러다가 애플의 아이폰이 등장하면서 과거에는 생각지도 못했던 터치스크린 인터페이스의 발견이 이루어졌다. 이를 통해 사람들은 사용자 인터페이스가 얼마나 중요한 것인지 파악하게 되었고, 단순히 컴퓨터로 인터넷에 연결하고 소비하는 수준을 넘어 다양한 적용 가능성에 눈을 뜨게 되었다.

카메라와 다양한 센서로
무장한 스마트 디바이스의 등장

아이폰과 같은 스마트폰이 등장하기 이전부터 휴대폰에는 카메라가 탑재되었다. 그러나 스마트폰 이전 시대의 카메라는 단순히 디지털카메라가 최소화되어 휴대폰에 적용된 것 이상의 의미를 가지지는 못했다.

그러나 스마트 디바이스의 시대가 열리면서 상황이 달라지기 시작했다. 휴대폰과 태블릿 PC 등 휴대 가능한 디바이스가 컴퓨터가 되면서 이런 디바이스에 장착된 카메라를 비롯한 다양한 센서들이 컴퓨팅 기술을 만나 화려한 변신을 시도하게 된 것이다. 카메라는 단순히 사진을 찍는 부품이 아니라 가지고 다니는 컴퓨터의 눈이 되었고, GPS · Wi-Fi 센서로 지도를 컴퓨터에 연결하게 되었으며, 가속도 센서가 인간의 운동성을 인식하는 센서 역할을 하게 된 것이다. 이런 센서들이 확보되면서 스마트 디바이스는 인터넷과 연결되어, 가상계인 인터넷상의 정보들과 각각의 센서들이 파악하는 현실계의 실체 있는 물체 및 공간을 연결할 수 있게 되었는데, 이런 환경에서 탄생한 기술들이 QR 코드(2차원 바코드), 위치기반서비스 기술Location Based Service, LBS, 증강현실Augmented Reality, AR, RFID 등이다.

　그중에서 이미 이 책에서도 QR 코드를 많이 활용했다. 실체가 있는 종이로 만든 책에 인터넷에 있는 동영상 주소를 2차원 바코드인 QR 코드로 인쇄해서 보여주고, QR 코드를 인식할 수 있는 스마트폰 앱으로 카메라를 구동해서 간단히 찍어보는 것만으로 책으로는 설명할 수 없었던 동영상들을 볼 수 있게 한 것이다. 이를 잘 생각해보면 QR 코드는 결국 책이라는 현실계의 물체에서 인터넷이라는 가상계로 통하는 일종의 문(게이트웨이) 역할을 한다고 설명할 수 있다. QR 코드의 활용 사례는 무궁무진해서 매우 다양한 형태로 이용할 수 있는데, 최근 국내 기업인 이니시스는 QR 코드를 스마트폰에 탑재된 앱으로 촬영하는 것만으로 상품 구매와 결제가 가능한 기술을 특허출원하기도 하였고, 하나은행은 빌딩 현수막으로 세계에서 가장 큰 QR 코드를 걸어 은행을 홍보하기도 하였다. 아래 QR 코드와 연결된 동영상은 일본 타치카와Tachikawa 역 근처에 위치한 상업 빌딩인 N Building에 대한 것이다. 이 빌딩의 벽면은 다양한 디스플레이를 할 수 있도록 되어 있다. 지금까지는 여러 기업들의 광고판으로 특징 없게 이용되는 경우가 많았는데, 어느 날 이 빌딩 벽면이 갑자기 QR 코드로 가득한 독특한 형태로 변했고, QR 코드도 계속 움직인다. 이것이 무엇일까?

<동영상 QR 코드 7> 일본 타치카와 역 인근 QR 코드 빌딩

아이폰을 들고 앱을 다운로드해서 벽면을 바라보면 우리 눈에는 보이지 않는 여러 가지가 보인다. 빌딩 내부나 쇼핑몰에 있는 수많은 사람들의 트윗이 표시되고, 빌딩 벽면이나 지붕은 시즌에 맞는 장식으로 변한다. 빌딩 전체가 그 내부에 있는 사람들의 집단지성으로 도배된 것이다. 여기에서 조금만 응용해보자. 한국의 어떤 빌딩이 있다고 하자. 빌딩의 벽면에 끊임없이 QR 코드가 나오는데, 사람들이 여기에 카메라를 들이대면 해당 기업에 대해 많은 사람들이 트윗하는 것들을 찾아서 보여줄 수도 있을 것이다. 빌딩 내부에 입점한 상점의 정보나 마스코트, 영상이나 이미지 등을 링크할 수도 있을 것이다. QR 코드는 이와 같이 스마트폰과 인터넷, 그리고 현실을 연결하는 중요한 인터페이스가 될 수 있다.

또한 현실 세계의 위치와 장소와 관련해서는 GPS, Wi-Fi, 3G 네트워크의 정보를 총동원해서 자동적으로 해당 디바이스의 위치와 관련한 정보를 인터넷에서 끌어오는 기술이 발달하면서 공간에 대한 새로운 연결고리가 만들어지게 되었다. 특히 이 정보는 향후 지역 기반의 경제와 인터넷 정보와의 결합을 촉진시키기 때문에 유통업에 큰 변화를 끌어낼 가능성이 많다. 물건에 부착시켜서 이들의 움직임을 파악하거나, 인터넷상의 정보와 연결할 수 있는 RFID 역시 앞으로 주목해야 할 현실계와 가상계를 잇는 기술이다. 기술개발 이후 현재는 우리나라 교통카드 등에 장착되어 활용되고 있지만, 처음 기대만큼 많이 확산되지 못한 기술이다. 그러나 차세대 스마트폰의 경우 상당수가 RFID를 인식할 수 있는 리더를 장착하고 나올 가능성이 많기 때문에 그 응용 사례는 앞으로 폭발적으로 증가할 것으로 보인다.

이렇게 되면 이를 통한 파급 효과가 막강할 것이다. 우리가 인터넷이라고 부르는 가상의 정보공간에 있는 것들은 대부분 실제 우리 생활에 있는 물건들과 사람들의 지식, 그리고 주변 환경에 대한 정보들을 담고 있는데, 이들이 실제 물건과 결합되고 매핑이 될 수 있는 환경을 만드는 데 RFID가 커다란 역할을 하기 때문이다.

QR 코드가 현재까지 일정 정도의 역할을 하기 시작했지만, 카메라로 QR 코드를 인식하기 위해 맞추는 작업도 번거롭고, 속도도 느리기 때문에 RFID가 본격적으로 채용된다면 더욱 편리할 것이다. 스마트폰에 RFID 리더가 장착될 경우 채용되는 기술은 NFC_{Near Field Communication}의 형태를 가진다고 한다. NFC는 RFID의 새로운 표준으로, 전화기가 RFID 태그로 동작할 수도 있고, 리더로 동작할 수도 있으며, 동시에 전화기간의 P2P 통신도 가능하다. 아래 QR 코드로 링크한 비디오는 노르웨이의 한 연구소에서 RFID 리더 기술과 아이폰을 활용한 연구를 수행한 것인데, 앞으로의 활용 가능성을 독자들이 직접 상상해보는 것도 재미있을 듯하다.

<동영상 QR 코드 8> RFID가 장착된 물체들과 RFID 리더가 있는 스마트폰이 만나면?

증강현실, 또 하나의 핵심 기술

증강현실은 가상의 그래픽 또는 데이터가 실제 세계의 물체와 함께 보이거나 그 위에 겹쳐서 나타나 현실감을 증폭시키는 기술로, 최근 들어 컴퓨터-사람 인터페이스에 있어서 각광을 받기 시작했다. 특히, 〈마이너리티 리포트〉와 〈매트릭스〉 같은 빅히트 영화에서 증강현실을 응용한 여러 장면들이 소개되면서 일반인들에게도 널리 알려졌다.

증강현실의 역사를 언급하자면 1968년 이반 서덜랜드Ivan Sutherland(미국의 컴퓨터 과학자이자 인터넷과 컴퓨터 그래픽의 선구자)의 논문까지 거슬러 올라간다. 그의 시스템은 가상현실Virtual Reality의 역사에서도 첫 번째 시스템으로 꼽힌다. HMDHead-Mounted Display를 이용한 시스템이었는데, 당시 컴퓨터 성능의 문제로 매우 단순한 와이어 프레임 정도만 실시간으로 표시할 수 있었다고 한다.

보다 현실적인 증강현실 기술은 1992년 톰 카우델Tom Caudell이 AR이라는 용어를 직접 사용하면서 태동하게 된다. 역시 HMD를 이용한 디스플레이 기술이 가장 중요하게 취급되었고, 이 기술을 이용해서 의학, 공학 등의 분야에서 연구가 이루어지기 시작했다. 증강현실이 폭발적인 관심을 끌기 시작한 것은 휴대폰과 같은 모바일 컴퓨팅 단말기의 성능과 입을 수 있는 웨어러블wearable 컴퓨팅 환경이 상업화 가능성을 보이기 시작한 최근의 일이다.

그렇다면 증강현실의 정의는 무엇일까? 위키피디아에서는 이렇게 정의하고 있다.

실제 세계와 컴퓨터가 만들어낸 데이터(가상현실)의 조화를 처리하는 컴퓨터 연구의 한 영역. 컴퓨터 그래픽 객체들이 실시간으로 실세계에 섞여 나타나게 된다.

즉 실세계와 컴퓨터가 생성해낸 데이터가 실시간으로 결합해서 보이는 것을 의미한다. 그런데 최근에 새롭게 탄생된 증강현실 컨소시엄Augmented Reality Consortium의 회장인 로버트 라이스는 증강현실을 다음과 같이 정의하고 있다.

증강현실은 현재 자신의 위치와 지금 자신이 하고 있는 일(또는 하고 싶은 일)의 맥락(컨텍스트)과 관련한 종류의 미디어가 자신의 현실(실체)을 증강하거나 더 낫게 보여주도록 하는 것이다.

훨씬 넓은 의미의 정의가 아닐까? 그의 정의에 따르면 증강현

실에서 가장 중요한 것은 사용자 경험User Experience, UX이다. 증강현
실에 대한 전통적인 정의가 전달의 방식이나 보여주는 요소, 3D
객체, 사물의 인식과 같은 기술적인 부분에 치우쳤다면, 넓은 의
미의 증강현실은 현재의 위치와 사용자가 하려는 동작 또는 의도
와 관련된 것이다.

이미 증강현실 기술을 활용한 다양한 스마트폰 앱들이 선을 보
이고 있는 가운데, 퀄컴Qualcomm과 같이 모바일 CPU를 개발하는
회사들은 아예 증강현실 기술을 CPU 차원에서 지원하고 가속하
는 기능을 탑재하기 시작하였으며, 이는 결국 증강현실 기술을 적
용하는 것이 그리 어려운 일이 아니라 누구나 쉽게 프로그래밍
해서 서비스할 수 있는 방향으로 발전하게 된다는 것을 의미한다.

<동영상 QR 코드 9> 퀄컴이 출시한 CPU 가속 증강현실 기술 데모

증강현실을 디자인할 때 중요한 것은 결국 현실적으로 보이는 것

에 어떤 내용 또는 경험을 입힐지 고민하는 것이다. 증강현실을 디자인하는 사람은 반드시 리믹스가 이루어진 현실이 어떤 경험을 만들어낸다는 것을 염두에 두어야 한다. 즉, 어느 정도로 가상과 현실을 섞을 것이며 또 어떻게 섞을 것인지를 고민해야 하는 것이다.

중요한 것은 증강현실 또는 가상계와 현실계가 혼합된 현실에서 가능한 상호작용이 어떤 것들인지를 인지하는 것이고, 이를 위해서 적절한 가상의 객체 또는 아이콘, 글자 등을 표시하는 것이 중요하며, 이렇게 표시한 것들이 실제 사용자와의 상호작용을 통해 문제를 해결하는 방향으로 얼마나 직관적이면서 쉽게 이끌어갈 수 있는지를 생각해야 한다.

증강현실이 어떻게 비즈니스에 영향을 미칠까?

그렇다면 증강현실 기술이 적용되면 어떤 일이 벌어지게 될까? 세계적인 잡지인 〈에스콰이어Esquire〉에서는 커버를 포함한 여러 지면에 증강현실 화면을 볼 수 있는 코드를 실었다. 컴퓨터의 웹캠으로 이 코드를 비춰보면 재미있는 영상을 많이 볼 수 있다. 물리적인 잡지에 증강현실 콘텐츠를 집어넣을 수 있게 된 것이다.

이런 방식으로 다양한 동영상이나 3차원 그래픽을 삽입할 수도 있고, 유튜브 등에 공개된 동영상이나 뛰어난 UCC, 회사에서 제작한 영상 등도 잡지에 입력하면 부가가치가 쉽게 올라갈 수 있다.

앞의 〈에스콰이어〉의 광고를 봐도 그렇지만, 증강현실 기술을 가장 탐낼 만한 사람들은 뭐니뭐니 해도 광고주들과 광고를 제작하는 사람들이다. 아무래도 증강현실에는 기존 방식보다는 월등하게 눈과 귀를 사로잡는 힘이 있다. 특히 종이매체를 이용하는 광고의 경우 기존의 한계를 뛰어넘을 수 있는 방식이기에 그 이득이 크다.

물건 카탈로그의 경우 3차원으로 보여줄 수 있고, 아이폰을 포함한 여러 스마트폰을 이용해 직접 3차원 동영상으로 실제 물건들을 볼 수 있도록 할 수 있기 때문에 상당한 효과를 볼 수 있을 것이다. 아래 QR 코드 영상은 DIY 가구를 판매하는 세계적인 기업 IKEA의 증강현실을 활용한 조립 책자 영상이다.

〈동영상 QR 코드 11〉 증강현실을 활용한 IKEA의 카탈로그

증강현실과 관련하여 또 하나 주목할 것은 위치기반서비스와의 결합이다. 스마트폰에 위치 정보와 증강현실을 결합한 서비스들은 이미 상당한 인지도와 함께 그 세를 넓혀가고 있는데, 누구나 쉽게 주변의 관광지나 식당 등에 대한 정보를 카메라를 통해서 얻을 수 있고, 지정한 곳을 찾아갈 수 있다. 앞으로는 다양한 점포들이 주변에 있는 많은 사람들을 끌어들이기 위해 보다 창발적인 증강현실 정보를 발행하게 되리라고 쉽게 상상해볼 수 있다.

영업과 관계 관리에도 증강현실 기술이 활용될 가능성이 많다. 현재 고객 관리 부분 클라우드 서비스의 최강자라고 할 수 있는 세일즈포스닷컴Salesforce.com의 경우, 카메라로 고객이나 사람을 인식하고 이를 바탕으로 고객 정보와 연계된 다양한 정보를 제공해서 최상의 영업이 가능하도록 하는 솔루션을 고안하고 있다. 물론 이 경우 사생활 침해나 정보 보호와 관련된 이슈가 있기 때문에 본격적인 적용이 쉽지는 않겠지만, 페이스북이나 트위터 등에 이미 공개된 정보들은 이용될 가능성이 있다.

마지막으로 증강현실 기술과 관련한 또 하나의 활용 가능성은 자연스러운 교육과 수련에 있다. 특히 원격지에 있으면서 기계를 수리하거나, 또는 통화를 하면서 어떤 물리적인 일들을 하는 것을 멘토링할 수도 있게 될 것이다.

BMW에서는 이런 특성을 활용해서 수리공들이 증강현실을 볼 수 있는 특수제작 안경을 쓰고 쉽게 차량의 부품을 교체하는 등의 일이 가능하도록 수련하고 있다. 이런 방식의 교육과 수련이 이루어질 수 있다면 컴퓨터를 가르칠 때에도 현재 나타나는 화면을 안경이 인식해서 어떤 메뉴를 어떻게 클릭하고, 현재 하고 있는 것이 무엇인지 알려주며 무슨 일을 하라고 상황에 맞게 지시할 수도 있을 것이다.

이와 같이 앞으로는 현실계와 가상계를 잇는 인터페이스 기술의 발전으로 말미암아 제조업, 유통업, 서비스업 전반에 큰 영향을 주게 될 것이다. 여기서 자세히 언급한 기술 이외에도 최근 지하철 역마다 볼 수 있는 다음의 디지털 사이니지(Digital Signage, 현실의 위치에 기반을 두고 디스플레이와 터치 등이 가능하도록 한 컴퓨터 시스템) 등도 대표적인 공간과 인터넷 가상계를 연결하는 사례들이며, RFID 칩이 장착된 물건들도 앞으로 중요한 역할을 하게 될 것이다. 미래를 위한 현실계와 가상계를 잇는 다양한 시도들이 주목받는 이유이다.

제품-서비스 융합시대, 서비스 디자인이 없는 제조의 시대는 갔다

디자인 하면 어떤 것이 연상될까? 아무래도 아이폰처럼 예쁘고, 멋지게 보이는 제품들이 먼저 떠오른다. 이런 디자인을 제품 디자인이라고 한다. 그렇지만 최근에는 사용자 경험과 제품에 서비스가 융합하거나, 서비스와 제품이 연계된 형태의 새로운 비즈니스들이 많이 생겨나면서 서비스 디자인이 중요한 영역으로 자리 잡기 시작했다.

그중에서 제품과 서비스를 연계해서 디자인하는 학문 및 분야가 생겨나기 시작했는데, 이것이 제품-서비스 융합(PSSProduct Service System)이다. 이와 같은 변화는 산업이 표준화 및 대량생산으로 대표되는 제품 패러다임에서 서비스 패러다임으로 바뀌어가는 커다란 변화를 바탕에 두고 있음을 이해해야 한다.

서비스 패러다임의 부상

최근 스마트폰의 선풍적인 인기를 이끌어낸 아이폰 같은 경우에도, 과거 같으면 하드웨어만 잘 만들어 팔았으면 되었겠지만 이제는 운영체제도 잘 만들어야 하고, 여기에 앱스토어라는 소프트웨어 판매 서비스 마켓 및 아이튠스라는 콘텐츠 마켓까지 유기적으로 연계된 PSS의 전형적인 모범 케이스로 볼 수 있다. 제품 및 하드웨어만 대량생산해서 저가로 납품하면 되던 시대는 지나가고 있는 것이다.

단적인 예로 다임러-크라이슬러의 경우 매출의 70% 정도가 서비스 부분이라고 한다. 얼핏 들으면 이해가 되지 않을 것이다. 차량의 대출 및 리스를 위한 금융 서비스, 차량을 구입한 이후에 받게 되는 다양한 수리 및 관리 서비스 등과 같은 수많은 서비스 분야를 포함해서 계산하면 그렇게 된다고 한다.

이와 같이 서비스 분야의 중요성은 날이 갈수록 커져만 가고 있다. 그런데 우리나라는 그런 측면에서 봤을 때 서비스 부분에 대한 연구 및 고민의 수준이 매우 낮다. 그렇지만 이를 뒤집어 생각하면 서비스 부분에 대한 고려 및 서비스 디자인에 대한 인식과 투자, 그리고 경험이 쌓이게 된다면 훨씬 더 발전할 수도 있다는 것을 의미한다.

서비스 패러다임은 제품과 기술에서 솔루션으로의 전환, 그리고 소유에서 사용의 즐거움을 느끼는 것으로의 전환을 의미한다. 그리고 판매가 아니라 관계를 구축하고, 고객에게 서비스를 잘 제공할 수 있도록 하는 지속적인 고객 관리가 가장 중요한 사회로 바뀌어가게 되는 것이다.

서비스 디자인의 중요성

좋은 서비스를 위해서는 좋은 서비스 디자인이 필요하다. 서비스 디자인이라는 것은 디자인적인 사고와 디자인 방법론을 서비스에 적용한 것이다. 유용하고, 효율적이고, 차별화하는 디자인 요소를 서비스도 가질 수 있도록 만드는 작업이 서비스 디자인이다.

서비스도 일반 제품처럼 여러 가지 형태의 전략을 수립하고 만들어야 한다. 예를 들어 가격 결정이나 판매 전략 등과 같은 전략수립에 있어 일반 제품의 경우 어떻게 할까? 다양한 방식의 시나리오를 바탕으로 정교하게 이를 결정한다. 서비스도 마찬가지다. 예를 들어 어떤 종류의 서비스는 매우 저가의 전략을 펼치면서 박리다매 전략을 펼쳐야 할 것이고, 이미 프리미엄 브랜드 인지도를 가지고 있으며 충성도가 높은 서비스를 가지고 있다면, 서비스를 단순하면서도 편리하되, 높은 수준의 편의성을 주고 고객 개개인에 대한 맞춤식 또는 일일이 자신들이 관리되고 있다는 느낌을 줄 수 있도록 디자인해야 한다. 서비스도 결국 차별화가 가장 중요하다고 보았을 때, 일반 제품을 디자인할 때와 마찬가지로 지속적인 혁신에 투자를 해야 하며, 이를 위해서는 제품을 디자인하고 기획하며 마케팅·광고·영업을 할 때와 마찬가지 방법들이 잘 적용될 수 있다.

서비스는 제품들과 달리 한 번 사고 마는 것이 아니라, 지속적으로 찾아야 하는 종류의 상품이다. 그렇다면 고객들이 서비스를 이용하고 많은 이득을 얻을 수 있도록 해야 한다. 이를 위해서는 서비스 자체가 고객의 이득을 극대화시킬 수 있는 형태로 디자인되어야 한다. 조직을 개편하거나 특화된 부서를 만들거나 동선을 고려하는 등 모든 활동이 최우선적으로 고객의 이득을 극대화하는 방향으로 전개되어야 한다.

서비스 디자인을 할 때 가장 먼저 해보아야 하는 과정 중 하나의 원칙이 "고객의 세상에 직접 뛰어드는" 것이다. 즉 서비스를 디자인하는 사람들이 직접 고객이 되어 완전히 고객의 입장에서 모든 것을 느껴봐야 한다는 것이다. 그렇게 하지 않으면 디자인이 공급자 위주로 나오는 경우가 많다.

고객의 경험을 디자인하라

제품이든 서비스든 앞으로 가장 중요한 것은 고객의 경험이다. 예를 들어 음식점에서 작은 요소 하나가 고객에게 대단한 경험을 남겨줄 수 있다. 어느 일본 영화에서 한 라면집 주인이 종업원을 교육시킬 때, 음식을 제공하고 나서 언제나 고객의 표정을 잘 관찰하라고 가르치는 것을 본 적이 있다. 이는 말을 하지 않아도 표정만으로도 만족도를 어느 정도 알 수 있으며, 서비스를 개선할 수 있기 때문에 중요한 요소라는 것이다. 만약 고객의 표정이 약간 좋지 않다고 판단되면, 즉각적으로 어떤 불만이 있는지 물어볼 수 있고, 이를 듣고 참고해서 고치겠다고 말한다면 다소 서비스가 불만족스러웠더라도 고객의 경험은 매우 달라진다. 물론 여기에 감사의 표시로 약간의 추가적인 서비스를 한다면 금상첨화일 것이다.

이를 위해서는 과거 전통적인 제조업에서처럼 라인을 구성하고 대량생산을 하는 방식으로 운영해서는 안 된다. 그보다는 서비스의 운영과 제품의 역할에 대한 전반적인 조율을 할 수 있는 감독의 역할이 중요하다. 이들이 전체적인 서비스를 관조하면서 진행되는 모든 상황을 컨트롤할 수 있어야 하는 것이다. 잘되는 음식점을 보면 주인이 세심하게 챙기는 모습을 쉽게 볼 수 있는 것도 이 때문일 것이다.

기억에 남는 서비스나 제품이 되기 위해서는 감동을 줄 수 있고 정말 기립박수를 받을 수 있어야 한다는 생각으로 디자인되고 만들어져야 한다. 이를 다른 말로는 'Ooo-hoo' 또는 'A-ha', 'Wow' 요소라고 한다. 대표적인 것이 아이폰이다. "정말 이거 멋진데?"라는 감탄이 나올 수 있어야 한다. 그렇게 하면 고객들이 열렬한 전파자가 되고, 이들을 통한 확실한 바이럴 효과를 누릴 수 있다.

소비에서 참여로

소비자들과의 협업을 통해 프로토타입을 만들고, 이를 바탕으로 새로운 진전을 같이 이루어가는 과정은 소비자들이 소비의 대상이 되는 것이 아니라, 여러 가지를 함께 만들어가는 프로젝트의 참여자가 되도록 하는 것이다. 수동적인 소비자와 공급자라는 단순한 관계를 보다 적극적으로 만들고 모두의 경험을 녹여내어, 훨씬 가치가 높고 생산성도 좋으면서 동시에 서로에게 이익이 많이 나는 프로젝트를 할 수 있다면 그보다 좋은 디자인은 없을 것이다.

앞으로 우리가 실제 눈으로 볼 수 있는 물리적인 것보다는 실체로 잡히지는 않더라도 눈에 보이지 않는 것들의 가치가 점점 더 커지는 세상이 올 것이다. 참여가 가능한 시스템을 디자인하고, 거기에서 나오는 다양한 형태의 가치를 현실화하고 이를 측정할 수 있게 된다면 우리의 경제도 훨씬 풍요로워질 것이다.

세상이 엄청난 속도로 바뀌고 있다. 그렇지만 결국 중요한 것은 우리가 얼마나 건강하고 행복할 수 있으며, 후대를 위해 어떻게 교육을 하고, 안전할 수 있는지와 같은 기초적인 것들이다. 변화가 클수록 기초에 충실한 것이 중요하다. 변화가 있는데 움직이지 않으려고 하는 것이나, 지나치게 기술에 매몰되어 부화뇌동하는 것 모두를 경계해야 한다. 본질적인 가치를 중심으로, 서비스와 제품이 융합되어 전체적인 경험에 초점을 맞추어 생각한다면 성공의 가능성은 더욱 높아질 것이다.

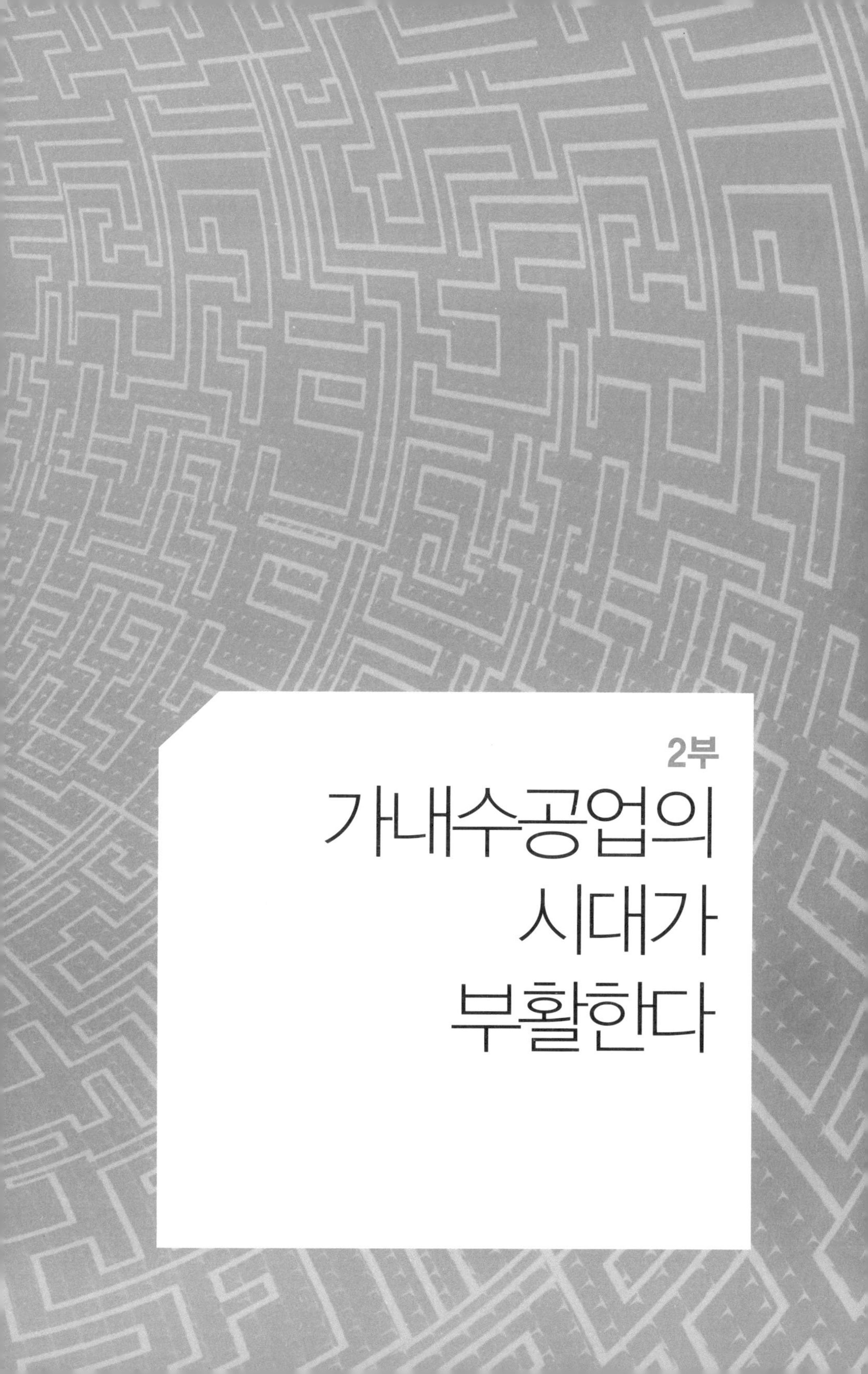

2부
가내수공업의
시대가
부활한다

인류의 역사를 살펴보면 지배의 문화는 부족에서 국가로 진행된 이래, 산업혁명과 함께 회사를 중심으로 하는 조직이 지배하는 사회로 넘어온 것을 알 수 있다. 또한 생산을 중심으로 생각하면, 오랫동안 가족을 생산의 중심 단위로 하는 농경사회에서 초기 산업 시대의 가내수공업을 거쳐, 자본을 중심으로 대규모 생산시설과 분업화를 통한 많은 인력을 동원하는 제조업의 시대로 변화하였다.

그런데 이런 커다란 역사적 변화의 흐름이 다시 한 번 바뀌려하고 있다. 생산성 혁신을 통해 풍요로운 상품의 시대를 연 대량생산 위주의 제조업의 시대가 이제는 보다 개성적이면서도 자신이 원하는 디자인과 재료를 활용해서 제조하는 제2의 가내수공업 시대로 진입하고 있는 것이다. 이는 생산에 필요한 설비의 가격이 급락하고, 효율적으로 협업을 하며, 이를 유통할 수 있는 인터넷과 소셜 웹의 급부상으로 인한 변화가 그 원인으로, 기존의 획일적 대량생산 체제에서 다양성이 빛을 발하는 새로운 제조업의 시대가 열리려고 한다. 2부에서는 이러한 제조업의 혁명에 대한 이야기를 해보려고 한다.

DIY 제조업, 3D 프린터로 날개를 달다

제조 2.0의 시대가 성큼성큼 우리에게 현실로 다가오고 있다. 제조 2.0의 핵심은 저렴한 생산시설과 창의력, 그리고 많은 소비자들의 프로슈밍 욕구를 충족시키는 것에 있다. 이를 만족시켜주는 다양한 기업들이 최근 두각을 나타내고 있는데, 이들의 상당수는 3D 프린터 기술의 발전과 함께 과거에는 생각할 수 없었던 사업모델을 현실로 만들고 있다. DIY 제조업을 추구하는 이런 선도적기업에는 어떤 곳들이 있을까?

DIY 가구에서 출발한 포노코

포노코Ponoko는 DIY 제작을 인터넷상에서 수행할 수 있는 온라인 마켓플레이스를 모토로 시작한 서비스이다. 이를 실현시키

기 위해 포노코에서는 디자이너들과 다양한 디지털 제작시스템
과 재료 공급자들이 쉽게 만날 수 있는 장을 마련하였다. 2007
년 테크크런치 40에서의 발표를 계기로 시작한 이 회사는 사용
자가 직접 디자인한 제품 디자인을 올리고, 여기에 또다시 간단한
마우스 클릭만으로 자신만의 변형과 수정을 할 수 있도록 하였는
데, 이렇게 하여 완성된 디자인은 디지털 제작 시스템을 활용해서
현실화할 수 있다. 소위 말하는 온디맨드On-Demand 제작 시스템
을 완성시킨 것이다.

포노코는 처음에는 DIY 가구를 취급하면서 출발했다. 현재는
이를 넘어서는 다양한 키트를 제작할 수 있는데, 일단 스타터 키
트starter kit를 다운로드한 다음, 어도비 일러스트레이터Illustrator나
매크로미디어 프리핸드Freehand와 같이 흔히 이용되는 범용 디자
인 소프트웨어를 이용해서 모델을 작성한 뒤에 포노코 웹사이트
에 업로드하면, 회사에서 지역 내에서 생산이 가능한 곳을 직접
접촉하고 제작 조건 등을 사용자가 승인하면 부품을 만들어서 배
송한다. 여기에서 끝나는 것이 아니라 이렇게 디자인된 부품들을
다른 사람들이 찾아서 주문할 수도 있다. 이렇게 되면 개인이 디
자인해서 자신이 필요로 하는 부품이나 제품을 확보할 뿐만 아니

라, 이것이 판매로 이어지면서 수입을 올릴 수도 있는 것이다. 이런 비즈니스 모델을 활용한 결과 포노코의 웹사이트에는 현재 수천 가지가 넘는 디자인이 올라와 있다.

심지어 서로 다른 사람들이 제작한 디자인 모델들을 모아서 하나로 조립하는 방식으로 새로운 모양을 만들어 제작을 의뢰할 수도 있다. 아래 QR 코드로 연결된 유튜브 영상은 포노코의 제작 방식에 대한 취재 뉴스로, 이미 여러 나라에서 주문하는 사람들이 늘고 있다는 것을 알 수 있다.

〈동영상 QR 코드 13〉 포노코의 제작 시스템에 대한 뉴스 동영상

첨단 3D 프린터를 앞세워
무섭게 약진하는 쉐이프웨이즈

쉐이프웨이즈Shapeways는 첨단 3D 프린터를 무기로 최근 무섭

게 성장하고 있는 서비스이다. 3D 프린터에 자주 이용되는 플라스틱 모델뿐만 아니라, 이 회사는 철과 심지어 금까지도 세공이 가능한 3D 프린터를 보유하고 있어서 매우 다양한 부품 및 제품 가공이 가능한 것이 차별점이다. 단 각각의 단위 물체가 주먹보다 작아야 한다는 한계가 있다. 그러나 이러한 문제점은 재질의 한계를 극복했다는 장점으로 상쇄되면서 다양한 장난감, 연장 및 패션 액세서리, 기계 부품 등에 대한 주문이 밀려들고 있다.

쉐이프웨이즈에서 제작하는 방식은 기본적으로 포노코와 그리 다르지 않다. 3D 모델을 그리거나 업로드하고, 이를 제작하는 것이다. 그러나 포노코와 달리 쉐이프웨이즈는 자체 개발한 고성능 3D 프린터를 이용해서 직접 제작을 한다. 쉐이프웨이즈에서 물품을 제작하는 4단계는 아래 유튜브 동영상처럼 진행된다.

〈동영상 QR 코드 14〉 쉐이프웨이즈의 제작 4단계

쉐이프웨이즈는 네덜란드에서의 성공을 바탕으로, 2010년 9월 뉴욕에 위치한 유명 벤처 캐피탈인 유니온 스퀘어 벤처스와 런던의 인덱스 벤처스로부터 5백만 달러의 투자를 받고, 본사를 네덜란드 아인트호벤에서 곧 뉴욕으로 이전하고, 본격적인 글로벌 사업에 나설 예정이라고 한다.

귀금속과 보석을 내 손으로! 젬바라

DIY 제작과 관련하여 가장 높은 부가가치를 만들어내는 곳은 어디일까? 쉬운 기술은 아니겠지만, 아마도 귀금속과 보석일 것이다. 이 분야에는 젬바라Gemvara라는 서비스가 선도적인 사업을 시작하였다. 이 회사의 젊은 창업자인 25세의 매트 라우존Matt Lauzon은 밥슨 대학Babson College을 다니던 시절에 DIY 보석·귀금속 제조 아이디어로 하이랜드 캐피탈 파트너스Highland Capital Partners, 캐난 파트너스Canaan Partners와 같은 유수의 벤처 캐피탈로부터 두 차례에 걸쳐 1100만 달러가 넘는 투자를 받아 이 서비스를 오픈하였다. 사용자들은 자신이 원하는 디자인을 업로드하거나 제작할 수 있고, 이미 올라와 있는 디자인 중에 마음에 드는 것을 고를 수도 있으며, 여기에 원하는 금속과 보석 등을 골라 세팅을 하게 된다.

　처음에는 온라인 사업 모델뿐만 아니라 50개의 오프라인 보석상과의 연계를 통한 사업도 진행하였는데, 이 경우 보석을 산 사람들이 근처의 보석상에 가서 추가적인 변형을 할 수 있었다. 이는 기존의 보석상과 연결된 고객이나 온라인과 친하지 않은 고객에 대한 접근성 문제를 해결하기 위한 것이었지만, 최근에는 오프라인 보석상과의 연계를 완전히 정리하고 100% 온라인 사업만 전개하고 있다. 이는 예상보다 온라인에서의 매출이 급속하게 늘어났기 때문으로, 2010년 7월에서 8월 한 달 사이에 매출이 47% 증가하였고, 보석 하나당 단가가 1천 달러에 이르게 되면서 굳이 오프라인에서의 관계를 지속할 이유가 없어졌기 때문이라고 한다. 특히 주로 구매하는 고객들은 30대 여성으로 한 번 방문할 때마다 2~5개의 피스를 주문하면서 2백~1만 2천 달러의 쇼핑을 한다고 한다. 이는 보석을 구매하는 고객층이 기존 보석상에 가서 구매하는 사람들과 다르고, 또한 구매 패턴도 완전히 다르다는 것을 의미하는 것으로 새로운 고객 계층을 창출하고 있다고 해석할 수 있다.

아래의 유튜브 영상을 보면, 젊은 여성들 중에서 자신만의 반지나 귀고리, 목걸이 등을 원하는 사람들이 얼마나 개성적으로 자신의 모델을 골라 주문할 수 있는지 느낄 수 있다. 가장 보수적이라고 할 수 있는 보석의 제작도 이렇게 바뀌고 있다.

<동영상 QR 코드 15> 젬바라에서 자신만의 반지를 만드는 방법

나만의 케이스를 디자인한다, 케이스메이트

개성을 중시하는 아이폰 사용자들을 위한 케이스 디자인으로 성공가도를 달리고 있는 케이스메이트Case-Mate도 빼놓을 수 없는 성공 사례라고 하겠다. 최근 디자인 트렌드에 적합한 그래픽 아티스트들의 디자인을 차용하거나, 이들의 팔레트나 백그라운드의 일부 또는 요소 등을 활용해서 자신만의 독특한 디자인을 완성시킬 수 있으며, 이렇게 완성된 디자인을 실제로 자신만의 휴대폰 케이스에 적용할 수 있는 재미있는 서비스이다. 현재 아이폰과 아이패드뿐만 아니라 갤럭시S와 같은 안드로이드 지원 단말기, 블랙베리와 노키아의 일부 스마트폰 등도 지원하고 있으며, 향후 지원 단말기는 더욱 늘어날 것으로 예상되는데, 개성을 중시하는 젊은이들이 휴대폰의 케이스를 멋진 액세서리로 취급하면서 앞으로 성장가능성이 큰 사업이라고 할 수 있다.

케이스메이트의 경우 인기 있는 케이스는 대량생산을 통해 아이폰 액세서리 판매도 하고 있으며, 일부 기업들이 마케팅 대상으로 회사 로고를 넣는 등의 작업을 통해 B2B 사업도 점점 커지고 있다. 아래 유튜브 동영상을 통해 케이스메이트에서 DIY로 케이스를 제작하는 과정과 실제 제작된 케이스를 볼 수 있다. 앞으로는 케이스뿐만 아니라 다양한 형태의 액세서리를 만드는 DIY 커스텀 제조업체와 서비스가 더욱 많이 탄생할 것으로 생각된다.

〈동영상 QR 코드 16〉 케이스메이트에서 케이스를 제작하는 과정과 실제 케이스 비교

DIY 핸드백 회사가 뜰 수 있을까?

전통 제조업 분야, 그중에서도 여성들이 가장 중요하게 생각하는 패션 아이템인 핸드백에도 DIY의 바람이 불어오고 있다. 그 대표 주자는 바로 Laudi Vidni라는 회사이다. 굉장히 독특하고 왠지 고급스러워 보이는 브랜드 이름이다. 그런데 이 회사의 이름을 거꾸로 읽어보면 "Individual"이다. 모두가 똑같은 핸드백을 들고 다니는 것이 아니라, 개성 넘치는 독특한 디자인의 핸드백을 자신이 원하는 재질을 이용해서 만들도록 하는 것이다.

2009년에 서비스를 시작한 이 회사의 성공 여부는 아직 더 지켜봐야 하겠지만, 전통적으로 브랜드의 이미지와 장인이 만든 튼튼한 제품, 그리고 유행을 선도하는 디자이너들의 디자인이 합쳐진 핸드백이라는 분야에 개성이라는 새로운 시대의 코드가 더욱 잘 먹힐 수 있다는 것을 보여준다면 커다란 시대의 변화를 보여주는 상징적인 사건이 될 것이라고 생각한다.

중국 소규모 공장들을 세계의 공장으로 만든 알리바바

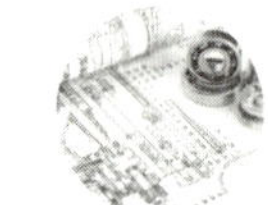

최근 수년간 정말로 중국은 세계의 공장이 되어가고 있다. 커다란 물량을 받아서 만들기도 하지만, 적은 양의 물량이나 프로토타입도 효율적이고 쉽게 만들어준다. 여기에는 중국에서 공작기계를 싼 가격으로 생산하게 된 것이 큰 역할을 하고 있다. 또한 인터넷이 발달하면서 온라인을 통해 쉽게 소량의 제품을 주문 생산하는 것도 가능해졌다. 그러다 보니 아이디어가 있는 사람이 간단히 디자인과 재료를 결정한 뒤에 공장을 만들지 않고도 중국과의 협업을 통해 사업을 진행하는 경우가 생겨나기 시작했다.

알리바바, 세계를 중국과 연결하다

이런 변화의 뒤에는 중국에서 웹 기반의 비즈니스와 제조업의 연계가 매우 쉽게 이루어진 것이 큰 역할을 하였다. 중국의 공장들이 온라인으로 주문을 받고, 이메일로 고객들과 소통하고, 신용카드나 페이팔PayPal(이베이에서 이용하는 소규모 계좌이체 서비스로 신용카드가 없어도 결제가 가능한 지불 플랫폼)과 같은 것으로 지불할 수 있게 되면서 과거의 까다로운 절차들이 모두 없어지게 되었다. 특히 이런 가교 역할을 하는 데 정말 큰 역할을 한 플랫폼 서비스가 중국에서 꽃을 피우면서 스타로 탄생하였는데, 그 기업이 바로 알리바바Alibaba.com이다.

알리바바는 중국에 있는 공장들을 전 세계의 소비자들과 개방형으로 연결해주는 창구 역할을 해내고 있다. 사실상 세계 최대의 생산자와 제품, 그리고 제조와 관련한 각종 능력들을 찾아내고 연결하고 판매하고 구매할 수 있는 플랫폼이 되었다고 해도 과언이 아니다. 사이트에서 검색을 통해 원하는 제품이나 기술을 입력하고, 그곳에서 찾아낸 회사들이 만드는 제품을 그대로 수입하거나 구매할 수 있다. 더 나아가서는 요구사항이나 질문, 또는 새로운 제품의 주문 등을 영어로 메신저를 통해 입력하면 실시간으로 영어·중국어 통역을 해주며, 바이어와 공장 직원들이 자신의 언어로 실시간 소통을 하게 된다. 일단 만들 수 있는 것과 없는 것이 명확해지면, 바로 즉석에서 주문을 할 수 있으며 비슷한 샘플을 먼저 하나 구매하게 될 수도 있다.

알리바바의 회장인 잭 마Jack Ma는 이런 비즈니스를 "C to B, Consumer to Business"라고 부른다. 그는 홍콩에서 고등학교 영어교사로 일하던 시기에 우연히 만나게 된 일본 기업 소프트뱅크의 손정의 회장에게 이 아이디어에 대해서 이야기하였고, 그의 비범함을 알아차린 손정의는 그가 알리바바를 창업하도록 도와주었다. 더 놀라운 것은 손정의 회장이 잭 마가 수년이 지나도록 아무런 성과를 내지 못했음에도 꾸준히 밀어주면서 이렇게 거대한 성공을 만들어냈다는 점이다. 이들은 이것이 새로운 방식의 무역이며, 글로벌한 세상에서 매우 작은 회사들이 DIY 형태로 다양한 사업을 벌일 수 있는 토대를 마련해줄 수 있다는 점에 주목하였다. 이를 통해 매우 작은 회사들이 정말 독특한 제품을 만들 수 있었고, 한 나라에서 거래되지 않는 상품들이 국경을 넘어 여러 나라로 팔려 나갈 수 있게 된 것이다.

알리바바는 1999년 설립된 이래, 현재 수백억 달러의 가치를 인정받는 대단한 회사가 되었으며 전 세계에서 등록된 사용자들이 수천만 명에 이르는 거대한 무역 플랫폼이 되었다. 2007년도 홍콩 증시에 상장될 때 구글 이후 최고로 높은 가치를 인정받았고, 2007년 이후 3년 동안 중국에서 알리바바 때문에 새로 만들어진 일자리만도 1백만 개가 넘는다고 한다.

전자상거래 플랫폼으로 확장하다

지난 2010년 9월에 캘리포니아 주지사인 아놀드 슈워제네거가 중국의 항저우를 방문하여 알리바바의 잭 마 회장과 즐거운 한때를 보내며 기념으로 찍은 사진이 여러 통신사를 통해서 세계로 타전되었다. 알리바바가 매년 개최하는 축제인 알리페스트AliFest에 참석했던 것인데, 이 행사에는 그 밖에도 미국의 전 대통령인 빌 클린턴이나 미국 프로농구 LA 레이커스의 코비 브라이언트 등 유명인사들이 대거 참석하였다.

최근 알리바바는 미국의 회사들을 하나씩 인수합병하면서 거대한 다국적 기업으로 성장하는 기틀을 다지고 있다. 글로벌 시장을 목표로 한 알리익스프레스AliExpress라는 새로운 온라인 마켓플레이스도 도입하였다. 알리바바 그룹 지분의 70%는 외부 투자자가 가지고 있다. 잭 마가 창업할 당시, 자금을 대주고 그를 전폭적으로 지원한 소프트뱅크 손정의 회장은 일본 야후의 오너이고, 동시에 미국 야후에도 초기에 투자하여 상당한 지분을 가지고 있다. 현재 알리바바 그룹의 지분 30%를 소프트뱅크가 가지고 있으며, 야후 역시 알리바바에 2005년 1조 2천억원을 투자하면서 40%의 지분을 사들였다. 알리바바 쪽에서는 야후의 지분을 되사고 싶어 하는 것으로 알려져 있지만, 현재 상황으로는 야후가 이 지분을 매각할 것으로 보이지는 않는다. 미국 야후 본사가 생각보다 커다란 가능성을 가지고 있는 것이 바로 알리바바와의 관계 때문이며, 여기에는 손정의라는 세계적인 거물의 의중이 가장 크게 작용하게 될 것이다.

알리바바의 또 다른 성공 사례인 타오바오Taobao는 미국 이베이의 복제 모델이라고도 할 수 있는 서비스이다. 초기 이베이가 2003년 중국의 비슷한 형태의 경매 사이트를 인수합병을 하자, 알리바바에서 이 사업에 뛰어들어 새로운 독자적인 경매 서비스를 시작한 것인데, 결과는 타오바오의 압승이었다. 이베이는 2003년 당시 중국 시장의 85%를 점유하고 있었던 1위 업체인

이치넷EachNet을 1억 8천만 달러에 인수하면서 손쉽게 중국의 전자상거래를 장악했는데, 이는 우리나라에서 옥션을 인수했던 것과 동일한 전략이었다. 타오바오는 이에 대항하기 위해 보다 중국에 최적화된 서비스를 제공하고, 동시에 수수료 무료 전략까지 펼치면서 공격적으로 대응하여 가파르게 시장점유율을 높여 나갔고, 이베이는 2년 만에 거의 사업을 포기하다시피 하고 중국을 떠났다. 타오바오는 오늘날 중국에서 가장 잘나가는 인터넷 전자상거래 서비스로 그 입지를 굳건히 하고 있다. 초기에는 이베이와 비슷한 경매 서비스의 비율이 상당했지만, 현재는 사실상 모든 부분의 전자상거래를 포괄하면서 서비스를 제공하고 있다.

타오바오는 현재 등록된 사용자만 2억 명에 육박하며, 2009년 상거래 규모가 30조 원이 넘는 엄청난 규모로 성장하였다. 중국 내에서는 이미 아마존과 이베이를 합친 것보다 더 막강한 영향력을 행사하고 있다고 한다.

중국에서의 성공이 다른 나라에서도 통할까?

타오바오가 중국에서는 큰 성공을 거두었지만, 중국 바깥에서도 이렇게 큰 성공을 거둘 수 있을지에 대해서는 미지수이다. 그러나 그들은 이제 세계로 뻗어나갈 준비를 하고 있다. 이를 위해서 준비한 것이 알리익스프레스로 중국에서와는 달리 다른 플랫폼들과의 연계를 많이 염두에 두고 있다고 한다. 단적인 예로 알리익스프레스의 가장 중요한 지불 옵션 중의 하나가 이베이의 페이팔이다.

알리바바가 목표로 하고 있는 것은 단순한 전자상거래가 아니다. Alibaba.com을 통해 선보인 것과 같은 제조업과의 연계를 포함하여, 알리익스프레스를 통해서 공급자와 중간 유통업체, 그리고 소비자들을 이어주는 경험의 최적화와 효율화를 이루고자 하는 것이다. 그렇지만 해외에서는 그리 쉽지는 않을 것이다. 소비자와 유통업체를 연결하는 고리가 이미 이베이와 아마존 등에 의해 장악되어 있기 때문이다. 그러므로 알리바바가 꿈을 이루려면 이베이나 아마존 등과의 협력은 필수불가결한 요소가 될 것이다.

현재까지 드러난 알리바바의 전략을 보면, 이베이와 아마존의 긴장 관계를 이용하려는 의도가 엿보인다. 특히 이베이를 지원하는 형태로 서비스를 제공함으로써 협력을 강화하고, 동시에 이베이를 통해 중국 제조업체의 제품이 직접 판매될 수 있도록 중재

하는 역할을 하면서 미국의 온라인 상거래 업체들과의 관계를 돈독히 하는 전략을 펼치고 있다.

기본적으로 알리익스프레스는 도매 유통 서비스를 목표로 하고 있으며, 작은 소매업체들에게 기회를 주는 생태계를 디자인하고 있는데, 이를 위해 최근 인수한 회사들이 바로 옥티바Auctiva와 벤디오Vendio이다. 이들 두 회사는 현재 이베이에서 상거래를 하는 소매 유통업체들의 1/4과 관계를 맺고 있으며, 쉽게 상점을 열 수 있는 도구들을 제공한다. 현재 알리익스프레스에는 파격적인 구매 제안들이 많이 올라오고 있는데, 도매라고 하지만 묶음 단위를 고집하지 않기 때문에 단일제품에 대한 주문을 할 수 있다. 메모리 카드리더 하나에 30센트, 플라스틱 할로윈 랜턴은 80센트에 공급하는데 배송료도 면제하기 때문에 앞으로 파격적인 저가 혁신을 일으킬 수도 있다는 전망이 나오고 있다. 이들의 전략은 단지 미국 시장을 대상으로만 하고 있지 않다. 소프트뱅크와의 협력을 통해 일본에도 진출할 예정이며, 앞으로 가장 큰 시장으로 변모할 것이 확실한 인도로의 진출도 적극적으로 타진하고 있다.

확실한 것은 알리바바가 현재 글로벌 시장을 대상으로 하는 도전을 시작했다는 점이다. 현재까지 글로벌 인터넷은 극소수를 제외하고는 미국 회사들이 모든 것을 장악하고 있다. 과연 제조 혁신을 일으킨 알리바바가 글로벌 인터넷의 미국 독점체제를 깨뜨릴 수 있을지 주목된다.

제조업의 킨코스를 꿈꾸는 테크샵

중국에 알리바바가 있다면, 미국에는 테크샵TechShop이 있다. 테크샵은 DIY 워크스페이스workspace 체인으로, 한 달에 100달러만 내면 다양한 공작기계를 사용할 수 있도록 해주는 새로운 DIY 제조업 체인 비즈니스이다. 테크샵은 과거 인쇄와 복사, 그리고 페덱스Fedex와의 연계를 통한 비즈니스 대행업으로 큰 히트를 친 킨코스Kinko's 경영자 출신인 마크 해치Mark Hatch와 짐 뉴턴Jim Newton이 탄생시킨 미래의 제조업 공간이다. 이들은 킨코스에서의 경험을 바탕으로 민주화된 제조와 프로세스 등을 가능하게 한 것이 특징이다.

다음의 그림은 샌프란시스코 인근 멘로 파크Menlo Park에 있는 테크샵의 실제 방 배치도이다. 테크샵은 이렇게 다양한 방에서 사실상 거의 모든 종류의 제조를 할 수 있는 시설을 개인이 멤버십

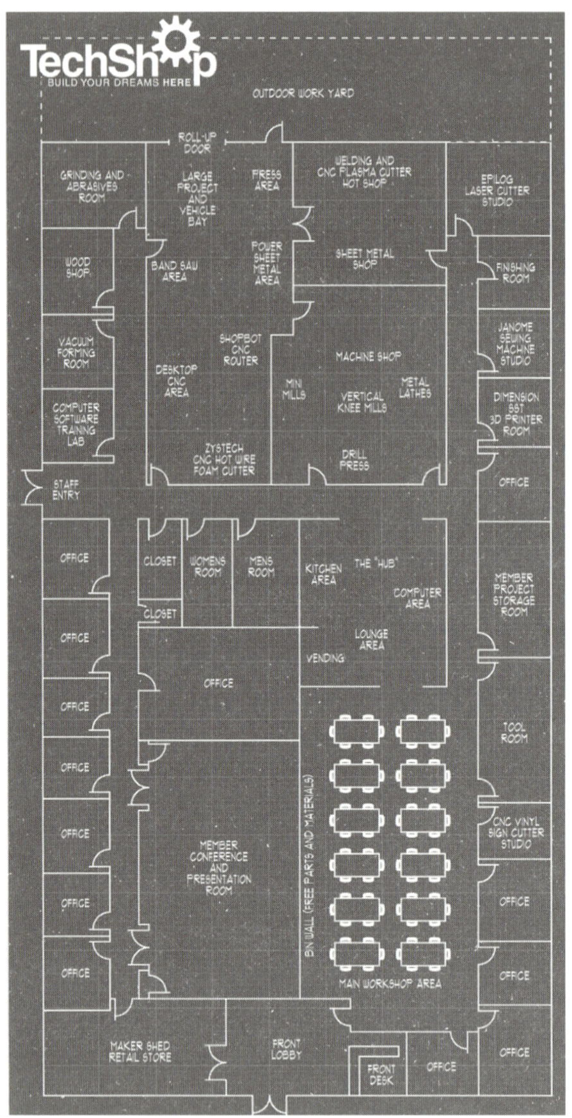

공장이 있고 무엇이든 만들 수 있다. 그러나 사람은 고용하지 않아도 된다.

형태로 자유로이 이용하고, 여기에 각종 교육 프로그램 등을 제공하는 새로운 DIY 제조 2.0 비즈니스 시설이다. 멘로 파크에서의 테크샵은 커다란 성공을 거두고 이제는 오리건 주 포틀랜드와 노스캐롤라이나 주 랄레이에 문을 열었으며, 2010년 겨울 샌프란시스코와 새너제이, 디트로이트에도 분점이 오픈하였다. 미국 전역 수백 군데에서 추가로 개점을 준비하고 있다고 하니 그 확산 속도가 과거 킨코스가 퍼져 나가던 것에 비견할 수 있다고 하겠다.

테크샵에는 정말 다양한 기계와 도구들이 준비되어 있다. 기본적으로 어떤 것이든 만들어볼 수 있도록 밀링머신이나 선반, 용접기기와 같은 전통적인 공작기계들은 물론이고, CNC 플라즈마 커터나 드릴 프레스와 강력한 전기톱, 그 밖에도 나무와 플라스틱을 마음대로 주무를 수 있는 기기들이 준비되어 있다. 그 뿐만이 아니다. CNC 라우터나 전자공학 회로 디자인을 위한 소프트웨어와 고성능 3D 프린터 등도 준비되어 있으며, 상상하는 거의 모든 것을 만들 수 있는 환경이 갖추어져 있다.

여기에 더욱 중요한 요소라고 할 수 있는 탄탄한 교육과정이 지원된다. 기계를 써본 적이 없는 사람들도 단기 육성과정을 통해 간단히 자신이 원하는 수준의 프로토타입을 만들어볼 수 있을 정도로 기술을 익힐 수 있으며, 자연스럽게 형성된 커뮤니티를 통해 서로가 서로를 도와주는 방식으로 새로운 것을 창조하기도 한다.

테크샵은 정말 모든 것이 갖추어진 공장이라고 할 수 있다. 전통적인 공장과의 차이점이라면, 굳이 생산을 위해 인력을 고용할 필요가 없다는 것이다. 대량생산을 할 때에는 대량의 주문을 받거나 큰 계약을 만들어낸 뒤에 알리바바 등을 통해 중국이나 다른 나라에서 생산을 해도 문제가 없기 때문에 창의적인 아이디어를 가지고 얼마든지 창조적인 제조업에 도전해볼 수 있다. 아래 QR 코드는 보잉보잉Boing Boing에서 테크샵 투어를 했던 영상으로 이곳이 어떤 곳인지 쉽게 느껴볼 수 있을 것이다. 이곳에서 탄생한 놀라운 프로토타입들이 실제로 커다란 혁신을 일으키는 것을 머지않은 미래에 우리가 직접 보게 되지 않을까?

〈동영상 QR 코드 17〉 테크샵 투어 영상

주문형 생산, 제조 2.0의 인프라

이런 변화의 한가운데에는 엄청나게 비쌌던 제조 장비의 가격이 급격하게 떨어진 것과 적은 수량을 만들어도 유통이 가능해진 롱테일 시장의 부각이 있다. 이를 통해 과거에는 있을 수 없었던 사업 모델들이 만들어지고 있다. 인터넷은 마케팅과 홍보에 필요한 최소한의 양이라는 것의 한계를 없애버렸고, 선주문 후생산이라는 주문형 생산 패러다임을 사람들이 받아들일 수 있도록 만들었다. 반대로 소비자들은 대량으로 만들어지지 않은 제품도 구매할 수 있게 되었고, 보다 다양한 제품을 손에 넣을 수 있게 되면서 창의적인 소규모 중소 제조업체들이 새로운 경쟁력을 갖추게 되었다. 이런 회사는 땅과 설비 등에 투자를 할 필요가 없으며, 더불어 종업원도 많이 고용할 필요가 없다. 그렇기 때문에 비용은 최소화되고, 적은 매출로도 충분한 이익을 내면서 사업을 영위할 수 있고, 위험도 현저하게 줄어들었다. 필요하다면 새로운 회사를 다시 만들 수 있고, 창의적인 동료들과의 협업을 통해 임시로 조인트 벤처를 해볼 수도 있으며, 이를 통해 개인의 능력은 극대화된다.

　아직 우리나라에는 이런 유의 혁신이 일어나지 않고 있다. 그렇지만 구로 디지털단지를 중심으로 다품종 소량생산이 가능한 1인 기업 또는 소규모 벤처기업들이 제조 2.0을 시도하고, 이들의 물건을 팔아줄 수 있는 유통 인프라 플랫폼의 구축이 가능하다면 우리나라 기술자들의 기술과 젊은이들의 창의력 및 디자이너들의 능력을 감안할 때 충분히 세계적인 경쟁력을 갖출 수 있지 않을까 생각해본다.

오픈소스 소프트웨어를 넘어 오픈소스 하드웨어로

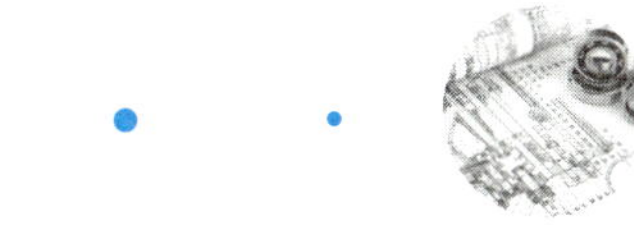

"오픈소스open source" 하면 가장 먼저 떠오르는 사람은 아마도 리처드 스톨만이 아닐까 싶다. 그는 1970년대 말에서 1980년대 초 MIT에서 해커 문화를 주도하며 소프트웨어 사용자들의 자유의지와 권리를 중시하고, 자신의 소프트웨어를 이웃들과 공유하고, 또한 사용자가 추가적인 연구나 에너지를 투입해서 새로운 소프트웨어를 창출할 수 있는 기회를 빼앗아서는 안 된다는 신념에 입각하여 공짜 소프트웨어 프로젝트인 GNU 프로젝트를 1983년 9월 발표한 인물이다. 1985년 GNU 선언을 통해 유닉스와 호환이 되는 공짜 운영체제인 GNU를 만드는 이유와 철학을 일반에 알리고, 곧이어 비영리재단인 FSFFree Software Foundation를 설립해서 공짜 소프트웨어 프로그래머들을 고용하고 이들의 정신과 활약을 전 세계에 퍼뜨리는 역할을 자임하였다. 그는 재단으로부터 한

푼의 월급도 받지 않았으며, 새로운 문화와 철학을 알리기 위해 카피레프트copyleft 운동을 펼치면서, 소프트웨어 부분에 적용할 새로운 라이센스인 GNU GPLGeneral Public License 등을 발표하였다. 그의 이러한 활동은 이후 나타나는 CCLCreative Commons License과 같은 다른 산업영역에서의 새로운 라이센스 정책을 포함하여, 공익과 사회적 가치에 중점을 둔 새로운 철학 및 정책의 탄생에 엄청난 영향을 주게 된다.

리처드 스톨만은 1999년 리눅스 투데이Linux Today를 통해 처음으로 프리 하드웨어Free Hardware에 대한 입장을 밝히기도 하였는데, 오픈소스 소프트웨어가 가능하다면 오픈소스 하드웨어가 불가능할 이유가 없지만 하드웨어를 복제하는 것은 소프트웨어를 복제하는 것처럼 간단한 것이 아니기 때문에 특별한 권리로 만드는 것이 사회적으로 큰 의미가 없다는 이야기를 하였다.

오픈소스 하드웨어가 가능한 시대가 되다

이처럼 최근까지도 오픈소스 소프트웨어 운동은 큰 이슈가 되었지만, 오픈소스 하드웨어는 그다지 부각되지 않았다. 그러나 이제는 시대가 바뀌고 있다. 앞으로는 오픈소스 하드웨어 역시 과거의 오픈소스 소프트웨어처럼 중요한 자리를 차지하게 될 것이다.

　오픈소스 하드웨어는 아직 초기단계이기 때문에 정의 내리기도 쉽지 않다. 그렇지만 이를 주도하는 미국의 DIY 잡지〈메이크Make〉의 필립 토론Phillip Torrone에 따르면 하드웨어의 제조는 크게 6가지 계층으로 나누어지며, 이들 각각에 대해 고민을 해보면 하드웨어의 물리적인 설계 및 재질과 관련한 부분, 구조도나 회로도와 같은 기술적인 문서, 그리고 중요한 부품들의 리스트, 전체적인 레이아웃 다이어그램, 마지막으로 이들을 동작시키는 펌웨어나 소프트웨어 코드 등이 있을 수 있다. 이들 전체 또는 각각의 것들마다 개방을 하는 것이 가능하며, 전체적으로 오픈소스 하드웨어라고 말할 수 있다는 것이 일반적이다. 사실 리처드 스톨만이 말한 바와 같이, 비록 설계도를 구할 수 있다고 하더라도 일반인들이 이를 바탕으로 무엇인가를 실제로 만든다는 것이 과거에는 쉽지 않았다. 그러나 최근 3D 프린터가 저렴해지고, 동시에 Arduino와 같은 기판과 이를 지원하는 오픈소스 코드 등이 널리 보급되면서 이제는 자신이 원하는 하드웨어를 얼마든지 저렴하게 만들 수 있게 되었다.

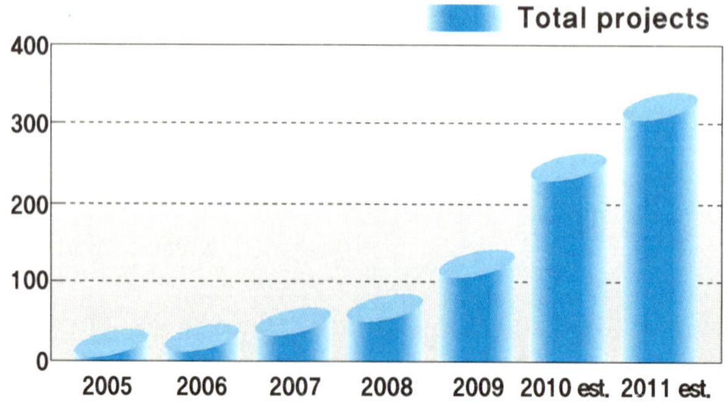

급격하게 늘어나는 오픈소스 하드웨어 프로젝트

하드웨어는 소프트웨어와 같이 저작권이 아니라 주로 특허에 의해 보호되기 때문에 소프트웨어에서 이용되는 것과는 다른 라이센스가 필요하다. 소프트웨어의 경우 리처드 스톨만과 리눅스에 의해 널리 알려진 GPL이 있고, 콘텐츠의 경우에는 CCL이 널리 이용되는데, 하드웨어의 경우에도 그에 걸맞게 2007년 2월에 만들어진 TAPR 오픈 하드웨어 라이센스 등이 있다. 주로 하드웨어에 대한 설계도나 조립방법 등에 대한 문서가 중심이 되는 경우에는 콘텐츠에 이용되는 CCL을 변형해서 이용하는 경우도 많다.

오픈소스 하드웨어 프로젝트 운동을 주도하고 있는 〈메이크〉지의 필립 토론의 연간 리포트에 따르면, 2008년 60여 개로 추정되던 오픈소스 하드웨어 프로젝트의 수가 2009년에는 100개를 훌쩍 넘었고, 2010년에는 250여 개가 될 것으로 추정된다고 한다. 2011년에는 300개가 넘어서면서 실제로 이런 오픈소스 하드웨어 프로젝트를 이용해서 비즈니스를 성공시키는 사례들도 많이 늘어날 것으로 보인다.

오픈소스 하드웨어로 이룬 성공적인 비즈니스

오픈소스라고 하면 어쩐지 비즈니스와는 거리가 멀게 들릴 수도 있다. 그렇지만 최근 오픈소스 하드웨어 운동을 지향하면서 성공적인 비즈니스를 하고 있는 곳들이 늘어나고 있다. 대표적인 회사로 Adafruit, DIY Drones, MakerBot, Arduino, Beagle Board, Bug Labs, Chumby, Liquidware, Maker SHED 등이 있다.

Arduino와 BeagleBoard는 오픈소스 회로보드circuit board를 공급하면서 비즈니스를 한다. 이탈리아의 Arduino는 오픈소스 하드웨어 보드의 대명사로 불릴 정도로 유명세를 타고 있는데, 물리적인 컴퓨팅 플랫폼과 쉬운 개발을 위한 개방형 개발도구와 문서, 간단한 주변기기와 입출력 장치와 ADCAnalog Digital Converter (아날로

그와 디지털 신호를 변환) 등을 같이 보급하면서 수많은 아류 프로젝트들이 진행되고 있다. 현재까지 15만 카피가 넘게 팔리면서 연간 매출이 가볍게 수십억 원에 이르기 시작하였다.

BeagleBoard는 컴퓨터 보드에 좀 더 집중한 경우로 쉽게 확장이 가능하며, 비교적 강력한 컴퓨팅 파워를 가진 저렴한 보드로 연간 매출이 급증하고 있다.

Bug Labs는 레고와 같은 플러그 앤 플레이 형태의 하드웨어를 공급하면서 성장하는 기업으로, 완전히 모듈화되어 있어서 간단히 끼워 맞추는 형태로 여러 가지 하드웨어를 만들 수 있다. 역시 조립 매뉴얼이나 프로그래밍 코드 등이 오픈소스 형태로 공급되는데, 벤처 캐피탈의 투자까지 받았고 2010년에는 매출액도 상당히 발생할 것으로 예상된다. 샌디에이고의 Chumby의 경우에는 완전히 다른 비즈니스 모델을 가지고 있다. 완성도가 높은 웹에 연결된 컴퓨터로 특히 주변 환경과 날씨 등에 대해 기본적인 데이터를 제공한다. 간단히 라이센스를 받거나 특허를 활용해서 새로운 용도의 기기를 개발할 수 있다.

Liquidware는 오픈소스 하드웨어 프로젝트의 생태계를 지원하면서 비즈니스가 커진 독특한 경우로, Arduino 프로젝트의 주변기기 사업으로 비즈니스를 구가하고 있다. 특히 저렴한 디스플레이나 센서 등이 인기를 끌고 있는데, 역시 연간 1백만 달러 이상의 매출이 기대된다고 한다. Maker SHED 역시 이런 오픈소스 하드웨어 생태계의 수혜를 입은 사업 모델을 가지고 있는데, 오픈소스 하드웨어 운동의 첨병에 있는 〈메이크〉 지를 발행하고, TV에서의 방송 콘텐츠 제작, 그리고 오프라인에서 다양한 형태의 축제 이벤트인 Maker Faire를 주최하면서 이미 1백만 달러 이상의 매출을 올리기 시작하였다. 대표적인 오픈소스 하드웨어 기업에 대해서는 아래 QR 코드로 링크한 리모 프라이드와 필립 토론이 2010년 뉴욕에서 했던 이그나이트_{Ignite} 발표 동영상을 참고하기 바란다.

<동영상 QR 코드 18> 오픈소스 하드웨어 비즈니스에 대한 발표 동영상

　　아직까지 오픈소스 하드웨어 운동이 그렇게 커다란 규모가 되지 못했기에 성공 형태도 제한적이다. 2010년 상반기까지 13개 정도의 회사가 오픈소스 하드웨어 운동을 통해 1백만 달러 이상의 매출을 올리고 있다고 하는데, 이들의 성장 속도가 워낙 빠르기 때문에 2015년에는 현재 규모의 20배 이상으로 성장할 것이라고 한다. 5년이라는 시간은 결코 길지 않은 시간이다. 일단 바람을 타고 대세화가 시작되면 누구나 쉽게 이런 프로젝트를 진행하고, 주변에서 자신의 하드웨어를 만드는 사람들을 심심치 않게 볼 수 있을 것이다. 과거 사진을 인화할 때 전문가가 암실에서 며칠씩 걸리던 일이 중간에는 57분 인화소를 거쳐서, 현재는 간단히 인쇄할 수 있게 되었으며, 과거 숙련된 노동력이 필요했던 도장을 파는 일 역시 현재는 컴퓨터와 간단한 기계로 문방구 등에서 쉽게 처리할 수 있는 일이 되었다는 것을 명심할 필요가 있다.

DIY 무인 비행기, 가내수공업의 미래를 보여주다

나노경제학의 3가지 원칙 중에서 유통과 관련하여 새로운 틈새 시장의 중요성을 강조한 롱테일 현상을 처음으로 알린 사람은 〈와이어드〉 지의 편집장인 크리스 앤더슨이다. 개인적으로도 무척 좋아하는 저널리스트인데 탁월한 식견과 미래를 내다보는 눈, 그리고 이를 풀어내는 글 솜씨를 모두 갖춘 사람이다. 그렇지만 필자가 그를 정말로 좋아하는 이유는 그가 단순히 말로만 또는 글로만 풀어내는 것이 아니라 이런 파격적인 이론을 자신이 직접 실험하고 시도해본다는 점이다.

그는 최근 《Free》라는 책을 출간하면서 공짜경제학을 주창하였는데, 그 시범으로 실제로 자신의 책을 PDF 파일로 만들어서 인터넷을 통해 공짜로 다운로드하도록 하였다. 책을 종이책으로 가지고 싶으면 실제 주문을 하고 구매해야 했는데, 그의 책은 베스트셀러 자리에 오르면서 자신의 전작들 이상의 판매고를 올렸다. 최근 그는 제조 2.0을 주제로 여러 글을 쓰고 있는데, 이 책도 그의 글에서 많은 영향을 받았다고 할 수 있다. 그의 글이 더욱 마음에 와닿는 것은 제조 2.0과 관련해서도 자신이 직접 실험을 하면서 경험에서 우러나오는 글을 쓰기 때문인데, 이렇게 해서 탄생한 회사가 바로 DIY Drones로, DIY로 무인 비행기를 제작할 수 있게 도와주는 회사이다.

3년 전 무작정 시작한 제조 2.0 실험

크리스 앤더슨은 2006년 자이로스코프 gyroscope 센서를 어떻게 하면 싸게 구할 수 있는지를 고민한 적이 있었다고 한다. 이와 관련하여 이것저것 알아보다가 무선 조종 모델 비행기의 원리가 무인 비행기 또는 drone이라고 불리는 비행기와 별로 다를 것이 없다는 것을 알게 되었고, 이들의 가격이 싼 것은 800달러 정도에서 비싼 것은 5천 달러에 이른다는 것을 알았다. 상당한 가격을 투자해서 구매해야 함에도 불구하고, 이렇게 구매한 비행기는 그리 사용하기 쉬운 것도 아니었고, 그가 판단하기에는 적당한 마진을 감안하더라도 300달러가 넘어서는 안 되었다. 가격이 비싸진 이유는 대부분 지적재산권 문제와 관련이 있었고, 만약에 이 문제만 풀어낸다면 충분히 저렴한 무인 비행기를 만들 수 있겠다는 판단하에 개방형 혁신 프로젝트로 이 문제를 풀어가기로 결심한다.

DIY Drones는 크리스 앤더슨이 이 문제를 해결하기 위해서 시작한 커뮤니티 사이트였다. 이 사이트의 운영을 위해 21세의 젊은 멕시코 출신 청년인 호르디 무뇨스 Jordi Muñoz에게 일을 맡겼다. 그는 비록 나이도 어리고 학력이 대단한 사람은 아니었지만, 크리스 앤더슨은 그가 세계 최고 수준의 전자제품 조립 기술과 항공 기계공학에 대한 지식을 가졌다는 점을 믿고 일을 진행하였다. 호르디는 개방형 전자제품 혁신에 가장 큰 역할을 하고 있는 Arduino 키트를 활용해서 자동 비행 컨트롤러를 만들었고, 이를 곧 비행기 오토파일럿 보드로 진화시켰다.

이 보드는 주변에서 흔히 볼 수 있는 전자상가에 가서 간단히 구할 수 있는 부품들을 활용해서, 전선을 잇고 브레드보드

breadboard(테스트보드) 위에 올려서 제작한 것으로, 일단 브레드보드에서 동작을 하면 저렴한 회로도 설계 소프트웨어를 이용하여 다이어그램을 그린 뒤에 커스텀 PCBprinted circuit board 보드 디자인을 하였다. 디자인에 문제가 없다고 판단되면 상업적으로 PCB 보드를 만들어주는 회사의 웹사이트에 업로드를 하고 2주 정도가 지나면 보드를 받을 수 있다. 이런 방식으로 여러 종류의 부분들을 조립하고 테스트하면서 문제점이 발견되면 다시 고치는 과정을 반복했고, 마침내 무인 비행기를 완성시키는 데 성공하였다.

어떻게 팔 것인가, 오픈소스 하드웨어 커뮤니티와의 협업

일단 이런 과정을 통해서 디자인을 하는 데에는 성공하였지만, 제품을 상업화하는 것이 문제였다. 이를 위해서 PCB 전문업체와 여러 컴포넌트들의 조립 생산에 대한 협의를 할 수도 있지만, 아예 처음부터 판매를 하려는 곳과 협상 하는 방안을 찾아볼 수도 있었다. 크리스 앤더슨은 스파크펀Sparkfun.com이라는 회사를 파트너로 골랐는데, 이곳은 전자제품 디자인과 조립 그리고 판매까지 같이 담당하는 오픈소스 하드웨어 커뮤니티를 운영하고 있으며,

다양한 Arduino 보드 프로젝트를 운영하는 곳이다. 스파크펀은 콜로라도 볼더Boulder 시에 위치하고 있는데, 1층에는 3개의 농구 코트를 합쳐놓은 정도의 공간에 다양한 종류의 서킷보드를 비치하고 있으며, 한쪽에는 이를 판매하고 포장하고 배송하는 시스템을 갖추었고, 반대편에는 몇 대의 로봇들이 보드를 골라서 필요한 컴포넌트들을 정확하게 PCB에 위치시키는 장비가 있었다. 이 로봇은 가격이 5천 달러가 되지 않는 저렴한 기계였지만, PCB 위에 컴포넌트들을 배치하는 손이 많이 가는 작업을 완벽하게 수행하였다. 이렇게 보드 위에 배치가 완료되면 컨베이어 벨트를 따라 보드가 리플로 오븐reflow oven이라고 불리는 로봇에게 전달되는데, 여기에서 가열을 통해 각 부품들이 보드에 튼튼하게 정착된다. PCB 보드는 중국에 있는 스파크펀의 파트너가 공급하는데, 보드 한 장에 몇십 원 정도의 가격에 들여오기 때문에 원가 부담은 크지 않았다고 한다.

핵심이 되는 보드가 이렇게 만들어지면, 나머지 구조를 구성하는 케이스 등은 CNC 기계나 사출기기를 통해 큰 비용이 들지 않고 적은 양이라도 제조가 가능하다. 보드와 케이스를 모아서 하나의 단위로 포장하고 인터넷에 있는 설계도를 따라 조립하도록 배달을 해도 되고, 조립 주문의 경우에는 주변 대학의 학생들을 아르바이트로 모아서 주말에 간단하게 조립한 뒤 배송한다. 물론 조립을 할 경우에는 추가적인 부가가치가 발생한다. 크리스 앤더슨은 이런 방법으로 프로토타입을 기반으로 스파크펀을 통해 키트만 소비자에게 직접 판매하거나, 키트를 받아서 조립 후 다시 판매하였다. 조립에는 자신의 아이들도 직접 참여했는데, 한 사람은 조립을 하고, 다른 사람은 QA를 맡는 등 역할 분담을 하면서 실제 제조에 참여시키기도 하였다.

작은 가내수공업 공장을 만들다

위에서 설명한 일련의 과정을 다시 정리하면 DIY 무인 비행기를 연구하고, 디자인하는 것까지만 크리스 앤더슨의 회사에서 담당하고, 부품을 만들고 판매하는 역할은 모두 스파크펀에 아웃소싱을 함으로써 회사의 역량은 온전히 연구 개발에만 집중하고, 재고를 안고 있어야 하는 위험을 모두 제거한 것이다. 첫 번째 모델의 성공적인 판매 이후 새로운 제품들을 디자인하였는데, 일부 제품들의 경우에는 스파크펀이 제작하기에 지나치게 어렵거나 시간이 많이 소요되어 직접 소량을 제작해서 판매하기도 하였다. 이를 위해서 크리스 앤더슨은 로스엔젤레스에 위치한 차고를 하나

빌려 그곳에 스파크펀처럼 대규모 제작과 판매를 할 수는 없지만 소량을 생산할 수 있는 시설을 갖추었다. 로봇을 이용하기보다는 한 명의 직원이 보드를 고르고, 그 위에 부품을 위치시킨 후에 리플로 오븐 로봇 대신 토스터 오븐을 개조해서 부품들을 PCB 보드에 정착시켰다. 이렇게 소량 생산을 하면서 주문을 맞추어 나갔는데, 이윽고 생산량이 주문을 따라갈 수 없게 되자 작은 로봇을 도입해서 생산량을 늘렸다.

주문을 받기 위해서 직접 웹사이트를 꾸미고, 웹사이트에서 주문을 받고 라벨을 인쇄해서 봉투에 붙이는 동시에, 보드에 문제가 생기지 않도록 정전기 방지를 위해 보드를 에어캡으로 감싸서 간단하게 포장을 하였는데, 이 작업에는 호르디와 한 명의 직원이 추가로 투입되었다. 하루 일은 오후 3시 30분에 끝나는데, 포장이 끝난 제품들을 들고 인근 우체국이나 UPS 사무실에 들러서 그날 생산한 제품들을 모두 발송하였다. 이런 방식으로 크리스 앤더슨은 작은 공장에서 첫 해 25만 달러의 매출을 올렸고, 3년차부터 매출이 1백만 달러를 돌파하였다. 그의 무인 비행기에 대한 설명은 다음의 QR 코드와 연결된 2009년 Maker Faire에서 Fora TV가 중계한 27분의 강연을 볼 것을 추천한다. 비록 영어로 진행되지만, 사진이 많기 때문에 쉽게 이해할 수 있다.

크리스 앤더슨의 작은 제조업 실험은 이렇게 성공적인 결과를 가져왔다. 물론 일 년에 수백억 원 이상의 매출을 올리는 기업들과 비교할 수는 없지만, 그의 실험은 지속가능한 비즈니스를 제조업에서도 소규모로 영위할 수 있음을 잘 보여주고 있다. 이들의 매출의 2/3는 해외에서 발생한다. 그만큼 세계를 대상으로 할 경우 니치마켓이 존재한다는 것을 의미하며, 위험을 최소화하면서도 창의적인 제품들이 판매될 여지가 충분히 있다는 것을 증명하고 있다. 중요한 것은 아이디어와 연구 개발, 디자인 능력이다. 그리고 이를 지원할 수 있는 스파크펀이나 테크샵과 같은 제조 2.0 지원 인프라이다. 이렇게 최첨단의 니치마켓 제품에 대한 가내수공업 시장은 어쩌면 우리나라 소기업이나 1인 창조 기업이 나아갈 수 있는 좋은 예가 될 수도 있을 것이다.

개방형 전자산업 2.0과 오픈소스 자동차 프로젝트

작은 무인 비행기만 오픈소스 하드웨어의 철학을 활용하고, 제조 2.0을 선도하고 있는 것은 아니다. 다양한 전자제품, 심지어 자동차에서도 이런 오픈소스 하드웨어의 철학은 앞으로 커다란 가능성을 보여줄 수 있을 것이다. 그 밖에도 더욱 다양한 성공 사례가 많이 나오겠지만, Adafruit의 리모 프라이드와 로컬 모터스Local Motros를 이끌고 있는 제이 로저스Jay Rogers는 현재까지 이런 사례를 가장 성공적으로 이끌고 있는 선구자들이라고 할 만하다.

리모 프라이드의 개방형 전자산업 2.0 프로젝트

리모 프라이드는 Adafruit Industries라는 DIY 개방형 전자산업 2.0을 지향하는 회사의 설립자이자 수석 엔지니어이다. 그녀는 하드웨어 엔지니어로, 작업실은 매우 작고 단순하다. 그녀의 작업실에는 보드에 여러 컴포넌트들을 자동으로 위치시켜주는 로봇이 하나 있는데, 이런 종류의 로봇이 과거에는 무척이나 비쌌지만 최근에는 수백만 원 정도에 구매가 가능하다. 그녀가 만든 adafruit.com은 뉴욕에 위치한 회사로 오픈소스 하드웨어 디자인을 바탕으로 한 다양한 부품과 조립품을 판매한다. 리모가 직접 운영하는 웹사이트에서 다양한 오픈소스 프로그램과 조립 방법을 볼 수 있으며, 원한다면 사이트를 통해 키트를 직접 구매할 수 있다.

대부분의 프로젝트들은 초보자도 쉽게 따라하면서 만들 수 있도록 되어 있으며, 일부 키트들은 서킷보드만 사면 되는 것들도 있다. 판매하는 보드에는 설명서가 들어 있지 않은데, 종이도 아끼고 온라인에서 찾아볼 수 있는 설명서를 굳이 인쇄할 필요가 없다고 판단했기 때문이라고 한다. 이 회사의 직원은 그녀 이외에 설계 담당자인 필립 토론, 그리고 쥐와 벌레들을 막기 위해 회사에서 함께 생활하는 고양이 모스펫Mosfet이 있다고 한다. 결국 2인 회사라고 할 수 있다.

리모와 필립 두 명이 소프트웨어 프로그래밍, 회사 운영, 관리, 마케팅과 PR, 회계 등의 모든 일을 처리한다. 작업장 역시 그 냥 집에 붙어 있는 형태인데, 부엌과 침대가 있고 연구 개발을 하 는 공간과 제조를 하는 공간, 그리고 포장과 배송을 하는 공간 으로 작게나마 분리를 해두었다. 그녀의 작업은 최근 DIY 열풍 을 타고 세계적인 잡지가 된 〈메이크〉 지의 성공 신화와 맥이 닿 아 있다. 오레일리O'Reilly 출판사의 공동 창업자였던 데일 도거티 Dale Dougherty가 발행한 이 잡지는 2005년에 창간되어 전자제품의 DIY 열풍과 오픈소스 하드웨어 개념을 정착시켰으며, Arduino 라는 오픈소스 전자 키트를 스타로 만들기도 하였다. 2009년 캘 리포니아 샌머테이오San Mateo에서 있었던 Maker Faire에는 무 려 7만 명의 사람들이 모여들었으며, 이제는 미국 전역에 Maker Faire 열풍을 불러일으키고 있다.

리모 프라이드는 모든 것을 개방하는 개방형 마인드를 지니고 있다. 자신이 습득한 지식은 끊임없이 다른 사람에게 전달하며, 블로그를 통해 전파시킨다. 자신이 이용하는 모든 도구를 소개하 고, 이런 도구를 이용해서 실제로 어떻게 조립하면 되는지 설명하 고, 자신과 같은 생각을 가지고 비즈니스를 시작하려는 사람들에 게 조언을 해주기도 한다. 그녀는 매주 "Ask An Engineer"라는 생방송 비디오쇼도 진행하고 있으며, LadyAda Wiki라는 웹사이트를 통해서도 많은 정보를 공개하고 있다.

리모 프라이드의 사업과 작업장에 대한 소개는 아래 링크한 QR 코드 동영상을 통해 간단히 투어가 가능한데, 뉴욕 맨해튼에 위치한 빌딩의 작은 공간에서 이런 사업이 가능하다는 것이 놀라울 뿐이다.

〈동영상 QR 코드 20〉 리모 프라이드의 Adafruit.com 작업장 모습과 제품들

제조 2.0을 선도하는 오픈소스 자동차 업체

로컬 모터스는 세계 최초의 오픈소스 자동차 회사라는 타이틀을 내걸고 있는 보스턴 인근의 회사로, 작은 마이크로 공장micro-factory을 최대한 활용한 신개념 제조업 혁신을 이끌고 있는 회사이다.

이 회사의 첫 번째 제품인 랠리 파이터Rally Fighter라는 오프로드 레이싱 자동차는 옵션에 따라 차이가 있지만 약 5만 달러 정도의 가격으로 2010년 6월 출시되어 철저히 예약을 통한 방식으로 판매가 되고 있다. 필자가 이 글을 쓰고 있는 2011년 2월 중 136번째 차량이 예약판매가 되고 있는데, 이런 열기를 감안하면 최소한 연간 수백 대 이상의 판매가 이루어질 것으로 예상된다.

이 차량의 디자인은 크라우드소싱 방식으로 이루어지고, 이미 존재하는 수많은 컴포넌트 부품들을 활용하며, 마지막 조립은 고객들이 지역에 위치한 로컬 조립 센터에 들러서 기술자들과 함께 직접 조립하는 과정을 통해 자신의 차를 가지게 된다. 몇 가지 디자인 모델이 더 준비되고 있는 가운데, 현재 약 18개월 정도면 스케치에서 실제 출시가 이루어질 수 있다고 한다. 모든 디자인은 CCL로 배포되기 때문에 고객들이 마음껏 디자인을 바꾸거나, 자신만의 컴퓨넌트를 생산하거나 추가해서 다른 사람에게 다시 판매할 수도 있다.

이 회사의 CEO인 제이 로저스는 로컬 모터스 커뮤니티라는 자원봉사 조직을 활용해서 자동차의 디자인을 모았다. 부품도 따로 개발하지 않고 이미 구할 수 있는 부품을 늘어놓고 고르는 방법을 이용했다. 디자인에 참여한 엔지니어들 역시 자동차 수리와 튜닝 등에 잔뼈가 굵은 경험자들이었기 때문에, 최종적으로 랠리 파이터의 디자인으로 확정된 김상호 씨의 디자인은 실제로 현존하는 어떤 자동차 회사의 디자인과 비교해도 떨어지지 않는 멋진 모습이다. 김상호 씨는 캘리포니아 LA 북쪽에 있는 패서디나의 Art Center College of Design의 학생이자 그래픽 아티스트로 30세의 청년이다.

김상호 씨의 디자인을 바탕으로 실제 자동차를 만들 수 있는 부품들과 상세 설계는 다른 여러 명의 디자이너와 엔지니어, 그리고 자동차를 취미로 만지는 사람들이 맡아서 만들었다. 로컬 모터스는 커뮤니티에서 확정한 디자인을 바탕으로 외관과 새시, 엔진, 그리고 트랜스 미션 등을 펜스키 자동차 그룹Penske Automotive Group과 같은 대형 자동차 도소매 유통업체와의 협업을 통해 조달하였다. 예를 들어 랠리 파이터의 엔진으로는 BMW의 디젤 엔진이 채택되었다.

로컬 모터스는 각 모델별로 5백~2천 대 정도씩만 부품을 키트로 만들어서 판매하는데, 대량생산 마켓보다는 니치마켓을 노리는 전략을 펼친다. 직원은 단 10명이고, 재고는 하나도 없으며, 부품의 구매와 키트를 준비하는 것은 구매자가 돈을 낸 다음에 이루어지는 획기적인 비즈니스 모델을 가진 이 놀라운 회사는 CEO인 제이 로저스(그 역시 36세의 젊은 사업가이다)가 하버드 대학에서 MBA 과정을 밟을 때, 섬유업계에서 전설적인 성공 모델로 자리 잡은 개방형 티셔츠 회사 Threadless의 강의를 듣고 구상한 것이 구체화된 것이라고 한다. 그는 7백만 달러 정도의 투자를 유치했는데, 그 정도면 수익을 내면서 사업을 진행하기에 충분하다고 판단을 하고 바로 로컬 모터스 사업을 진행하였다.

제이 로저스가 특히 주목한 것은 젊은 학생들이었다. 사실 자동차를 전공으로 공부해도 실제 자동차 회사에서 일을 하게 되는 학생의 수는 30%가 되지 않는다고 한다. 그중에서도 자동차 디자이너의 경우 정말 뛰어난 젊은 학생들이 업계에 진입하지 못하는 경우가 많았고, 여기에 착안한 제이 로저스는 로컬 모터스 웹사이트에 자동차 디자인 크라우드소싱을 진행하기로 결심하였다. 현재 로컬 모터스 웹사이트에는 5천 명이 넘는 디자이너들이 등록되어 활동 중이다. 로컬 모터스에서는 제작과정과 커뮤니티 활동 등에도 소셜 미디어와 소셜 웹 전략을 적극적으로 펼치고 있는데, 자체적으로 10개의 다큐멘터리 시리즈를 만들어서 유튜브에 올리고 이를 모두와 공유하고 있다. 아래 QR 코드 페이지에 10개의 동영상이 모두 링크되어 있는데, 오픈소스 자동차 사업에 관심이 있는 독자들은 10개의 영상을 모두 감상하라고 권하고 싶다.

<동영상 QR 코드 21> 로컬 모터스의 오픈소스 자동차 사업에 대한 다큐멘터리 시리즈

아마존의 롱테일이 주로 전자상거래를 중심으로 지난 10년간 퍼져 나갔다면, 앞으로는 이와 같이 다양한 산업 영역을 통해 롱테일이 등장할 것이다. 그중에서도 전자제품과 자동차와 같은 가장 복잡한 제조업의 롱테일 사업이 성공한다면 이는 정말 커다란 변화를 가져오는 신호탄이 될 것이다. 이제는 설계도만 있다면, 부품을 쉽게 생산할 수 있는 마이크로 공장 기술이 일반화 될 것이다. 그리고 이를 유기적으로 연결할 수 있는 설계도와 도와줄 수 있는 사람들과 공간, 유통 체계 등이 갖추어지면서, 과거에는 강력한 통제를 바탕으로 한 기계적인 분업으로 생산하였던 복잡

한 기계의 롱테일 생산이 실현될 수 있는 시기가 오고 있다.

이들의 혁신적인 시도가 어떻게 꽃을 피우게 될지 주목된다. 안타깝게도 국내에서는 리모 프라이드의 전자제품 2.0 사업은 몰라도 로컬 모터스의 사업 모델은 자동차 관련 여러 가지 규제 때문에 비즈니스를 진행하기 어렵다고 한다. 그러나 우리나라처럼 강력한 자동차 제조산업 인프라 구조를 가지고 있는 나라가 거의 없으며, 자동차 관련 수리나 유통 등을 담당하는 인력과 우수한 디자인 능력을 갖춘 사람들이 있음을 생각하면 크라우드소싱 디자인과 협업을 통한 오픈소스 자동차 프로젝트는 자동차 제조업의 글로벌 롱테일을 성공시킬 수 있는 새로운 사업 기회를 만들어낼지도 모른다.

고객에게 디자인을 맡겨라!
Blank Label과 Threadless

제조 2.0과 관련하여 가장 활발한 움직임을 보이고 있는 산업은 바로 의류산업이다. 그중에서도 Threadless와 Blank Label이라는 회사가 특히 유명한데 각각 티셔츠와 남성용 와이셔츠를 주된 아이템으로 하는 회사이다.

특히 고객에게 디자인을 맡기고, 고객들의 취향에 맞추어 맞춤형 옷을 제공함으로써 과거와는 다른 형태의 새로운 비즈니스를 창출하고 있으며, 좋은 디자인을 하는 능력을 가진 사람에게는 디자인을 팔 수 있는 기회까지 제공하고 있다.

제조 2.0의 대표적 성공 사례, Threadless.com

제조 2.0과 관련한 회사들의 상징으로도 불리는 Threadless.

com은 티셔츠 회사이다. 어찌 보면 가장 아날로그적인 아이템에 가장 디지털적인 접근을 한 사례이다. 어떤 형태의 디자인이든 Threadless.com에 제출할 수 있으며, 개방형 마켓을 활용한 창의적인 티셔츠 디자인들이 올라온다. 어떤 경우에는 티셔츠 디자이너로 활동하고, 다른 사람들이 디자인한 티셔츠를 골라서 입고 싶으면 이를 주문하면 된다. 경우에 따라서는 자신의 디자인을 올려서 제작하고, 해당 디자인이 계속 팔리게 두면 주문량에 따라 옷을 디자인해서 제작해 입은 비용을 뽑을 수도 있다. 일부 디자이너들은 많은 사람들의 인정을 받아서, 단골 고객들도 늘게 되고 스타로 발돋움할 수도 있다.

이런 측면에서 혹자는 Threadless.com은 티셔츠를 판매하는 사이트가 아니라 온라인 디자인 커뮤니티라고 하기도 한다. 그만큼 독특한 디자인들이 많이 올라오고 있는데, 수십만 명에 이르는 디자이너들이 매주 수천 개에 이르는 디자인을 제출하고 이 중에서 인기를 얻는 것들이 가장 많이 팔리게 된다는 측면에서 온라인 디자인 커뮤니티라고 해도 큰 무리가 없을 것 같다.

남성용 와이셔츠를 겨냥한 DIY 성공 사례, Blank Label

히트 상품은 수요는 있지만, 누구도 생각하지 못했고 시대의 정신을 반영한 것에서 나오는 경우가 많다. Blank Label이 바로 그런 회사이다. 이들의 목표는 고객과 "Co-Create(공동제작)"하는 것이었고, 그것도 남성들을 대상으로 하였다. 여성에 밀려서 천대받는 남성 패션 중에서 남성들이 가장 중요하게 생각하는 셔츠를 대상으로, 자신들이 원하는 디자인을 직접 만들어서 주문하는 DIY 셔츠 서비스를 만든 것이다.

Blank Label의 CEO는 파르 비Farr Bi라는 22세의 젊은 청년이다. 그는 자신이 옷을 입을 때 마음에 드는 셔츠가 없어서, 이를 원하는 스타일로 만들어서 구입할 수 있는 곳이 있었으면 좋겠다는 필요성을 직접 느끼면서 서비스를 기획했다고 한다. 과거 남성들이 셔츠를 구입할 때에는 저렴한 아울렛 매장이나 백화점 등의 할인 코너에서 그다지 스타일을 따지지 않고 색상이나 일부 무늬 정도만을 보고 그냥 구매하거나, 아내나 부모가 골라주는 대로 입었지만, 최근 신세대 남성들은 다르다. 색상이나 간단한 무늬는

물론, 칼라의 크기, 단추, 호주머니 등 세세한 것들에 신경을 써서
고르는 사람들이 늘고 있다.

파르 비는 모든 남성들이 거의 비슷한 스타일에 똑같아 보이는
셔츠를 입고 다니는 것이 싫었고, 자신이 입는 셔츠는 자신만의
스타일로 만들고 싶었다. 그래서 천과 칼라, 호주머니와 재단 방
식 등을 인터넷으로 보면서 주문하고 이를 실제로 그대로 만들어
서 제품화하겠다는 결심을 하고 Blank Label을 준비하였다. 가
장 어려운 점은 이렇게 "사람마다 다른 요구를 어떻게 반영하고
저렴하게 생산해서 적시에 공급할 수 있을까?"라는 문제였다. 이
를 위해 그가 선택한 방법은 일단 배달에는 시간이 걸린다는 것
을 알리고(주문 제작이며, 전 세계를 대상으로 하기 때문에 4주 정도 걸
릴 수 있음), 대신 세상에서 단 하나밖에 없는 자신만의 셔츠를 그
리 비싸지 않은 가격에 구매할 수 있다는 점을 부각시키는 것이
었다.

Blank Label 본사는 미국 보스턴에 있으며, 4명의 동업자 모
두 19~30세로 젊은 패기로 똘똘 뭉쳐서 일을 하였다. 특히 멋
진 디자인 세트를 먼저 뽑아낸 것이 가장 큰 성공 요인이 되었
는데, 기본적으로 누가 봐도 멋진 스타일의 디자인 세트들을 제

공하고, 이를 사용자가 알아서 조합하게 만든다. 또한 고객과 함께 제작한다는 Co-Creation 전략을 전면에 내세웠는데, 이미 Threadless.com의 사례에서 보듯이 패션업계에 이런 DIY 또는 Co-Creation 전략을 앞에 내세운 경쟁자가 없었던 것은 아니지만, 이들은 남성용 셔츠에만 집중하면서 경쟁력을 키웠다.

이 회사의 경쟁력은 기본적으로 미리 생산을 많이 하지 않기 때문에, 재고가 없고 이에 따른 비용이 전혀 발생하지 않는 것에서 시작된다. 모든 주문은 이미 들어가 있는 상태로, 최소의 인원이 사이트 운영과 서비스와 관련한 새로운 디자인 등을 추가하고, 이를 분석하고 더 나은 디자인과 아이템들을 선보이는 것이 가장 중요한 숙제가 된다. 크기와 스타일, 소품에 이르기까지 모두 사용자들이 인터넷상에서 결정하므로 매장도 열 필요가 없다.

CEO인 파르 비가 이 사업을 처음 구상한 것은 중국계인 그가 부모님이 자란 상하이에 여행을 갔다가 대학교에 맞춤형 옷을 저렴한 가격에 보급하면 어떨까? 생각하게 된 것이 계기가 되었다. 젊고 열정이 넘치는 대학생들의 패션에 개성을 부여하는 것이다. 이를 위해서 그는 보스턴 주변의 대학의 학생 한 명씩을 접촉해서 학교마다 대표를 두고 셔츠를 판매할 생각을 하였다. 이 과정에서 그는 19살의 동업자인 대니 왕Danny Wong을 만났다. 대니는 벤틀리 대학에서 커뮤니케이션을 전공하고 있었는데, 파르 비의 구상이 마음에 들어서 자신이 벤틀리 대학의 대표를 맡겠다고 자원하였다. 그리고 웹을 이용한 판매 전략을 세우기 시작한다. 이 둘이 팀이 되어 웹사이트 제작에 돌입하고, Blank Label은 그로부터 몇 개월 뒤에 탄생하였다.

초기에는 벤처 캐피탈의 투자를 받고자 시도하였지만, 쉽지 않았다. 아무런 과거 경력이 없는 19세와 22세 청년들에게 투자를 결정하는 곳은 없었다. 그래서 자신이 그동안 모아둔 저축통장을 털어서 초기 자본금 1만 달러를 마련한 뒤에 프로그래머와 웹 디자이너를 구하기 시작했는데, 이렇게 초라하고 작은 회사라는 것을 약점이 아닌 강점으로 부각시키면서 사람들에게 홍보했다고 한다. 그리고 창업자들이 직접 전화나 트위터, 페이스북, 인스턴트 메신저 등을 통해서 고객들의 질의에 답을 하면서 판매에 나섰다.

이들의 시도는 점점 많은 사람들에게 인기를 끌기 시작했는데, 특히 단순히 칼라나 천을 정하고, 단추와 호주머니 등을 바꾸는 수준을 넘어 고객들이 원하는 문구 등을 원하는 위치에 박아 주는 서비스가 큰 호응을 얻으면서 급성장을 하였다. 일반적으로 셔츠를 디자인하면 45달러 정도면 되지만, 요구사항이 늘어나면 70~80달러까지 가격이 올라간다. 그렇지만 특별한 날에 선물로 주문하는 사람들은 비록 가격이 비싸지더라도 문구 등을 새기는 서비스를 쉽게 받아들였다. Blank Label의 이런 서비스는 입소문을 타면서 점점 인기를 얻게 되었고, 거대 언론에 소개되어 지나치게 빠른 성장을 하며 어려움을 겪기도 하였지만, 현재 가장 주목받는 제조 2.0 회사가 되는 데 성공하였다.

우리나라에서도 이런 아이템은 크게 성공할 가능성이 많지 않을까? 남대문이나 동대문에서 옷을 만드는 분들, 그리고 구미의 섬유산업에 계시는 분들도 충분히 가능한 일이라고 생각한다. 이제는 이렇게 창의적인 아이디어로 새로운 도전을 할 필요가 있지 않을까 한다.

햄버거 2.0을 실현하는 4food.com

뉴욕 맨해튼 한가운데에 햄버거 2.0을 표방하는 가게 4food.com이 문을 열었다. 2.0 이야기는 많이 들었지만, 햄버거에 2.0을 붙이니 다소 이상하다고 느끼는 사람들이 많을 것이다. 하지만 이제는 이와 같이 전통 산업에 웹 2.0 철학이 결합되는 사례가 점점 많아지면서 인터넷에서 시작된 혁신적인 변화의 철학이 일반화될 것이다.

이 회사는 건강한 햄버거 가게를 표방하면서 다양한 조합의 햄버거를 인터넷을 통해 주문할 수 있도록 하였다. 가능한 조합의 수가 1억 4천만 가지에 이르는데, 주문을 하기 위해 전통적인 방법으로 카운터에 줄을 서서 종업원에게 주문을 할 수도 있지만, 인터넷을 통한 주문도 가능하며, 매장에 앉아 있으면 종업원들이 돌아다니면서 주문을 받거나, 가게에 비치된 아이패드를 활용해서 주문을 할 수도 있다.

　재료가 많기 때문에 다양한 조합이 가능한 것인데, 예를 들어 연어를 중심으로 독특한 샐러드를 결합한 연어버거 등도 주문이 가능하다. 공간은 3층으로 구성되어 있고 모든 좌석에 전원이 공급되며, Wi-Fi가 공짜로 제공되기 때문에 식사를 하면서 일을 할 수도 있으며, 커다란 비디오 스크린과 프로젝터도 제공되어 이 공간에서 최근의 트윗과 포스퀘어와 같은 위치 정보 서비스에 체크인하는 현황을 모든 사람들에게 보여준다. 6대의 아이패드를 빌려서 이용할 수 있기 때문에 기다리는 동안의 무료함도 극복할 수 있다.

햄버거 2.0의 독특한 마케팅 전략

　4food.com은 전통적인 마케팅에 돈을 거의 쓰지 않았다. 매장을 이용하는 사람들의 바이럴 파워를 최대한 활용하고 있는데, 특히 고객이 직접 조합한 햄버거 메뉴를 저장해서, 자신만의 근사한 이름을 붙일 수 있도록 하였고, 이 메뉴를 좋아한다는 것을 간

단히 트위터나 페이스북, 심지어 유튜브 비디오 광고에까지 매우 쉽게 나타낼 수 있도록 함으로써 고객들이 자발적으로 입소문을 낼 수 있도록 하는 것에 세심한 신경을 썼다. 더 나아가서 이렇게 저장한 메뉴가 다른 사람들에게 판매가 될 경우에는 25센트를 적립시켜주기 때문에 자신의 메뉴를 전파시키도록 독려하고 있다.

기존의 요식업체들에서는 서비스를 제공하는 측과 소비자가 명확히 구분되어 있다. 하지만 4food.com에서는 이처럼 소비자들이 생산 과정에 개입도 하고, 이들이 직접 마케팅을 할 수 있도록 장치를 마련하는 프로슈밍과 바이럴 전략을 적극적으로 구현하였다는 측면에서 '햄버거 2.0' 사업이라고 부를 수 있겠다.

그린을 표방한 햄버거 매장

'그린'을 표방하는 것도 눈에 띈다. 건강에 초점을 맞춘 다양한 음식 재료들도 그렇지만, 발생하는 음식 쓰레기를 쉽게 처리할 수 있는 24시간 음식 쓰레기 처리 기계를 갖추고 있으며, 건물에 적용된 건축자재나 자연광을 활용하는 등 세세한 설계에 에너지를 절약할 수 있는 소소한 아이디어들을 접목하고 있다.

심각한 대기 지체 현상이나 비싼 가격 등으로 초기 고객들의 불만도 나오고는 있지만, 이런 문제점들도 트위터로 꾸준히 접수하고 있고, 워낙 독특한 개념으로 시작한 곳이기 때문에 꾸준한 성장이 기대된다. 벤처 캐피탈들도 이들의 가능성을 인정하고 투자하고 있는데, 확장하면서 시스템을 더욱 잘 갖추어 나간다면 새로운 스타 체인이 탄생할지도 모르겠다. 국내에서도 이러한 창의적인 시도를 하는 곳들이 많이 등장했으면 좋겠다. 이제는 많은 기회가 전통 산업의 첨단화에서 나타나게 될 것이다.

나이키, 프로슈밍을 실험하다

대량생산과 대량유통의 시대를 지나 자신만의 개성과 사람들이 원하는 형태의 디자인 요소를 넣고 싶어 하는 최근의 경향을 감안한 다양한 새로운 DIY 제조산업의 예를 지금까지 많이 소개했다. 그런데 프로슈밍이라는 개념은 대표적인 전통 기업인 나이키와 같은 기업에서도 적극적으로 도입하려는 움직임을 보이고 있다.

최첨단 맞춤 쇼핑, 나이키의 PHOTOiD

잘 알려지지는 않았지만, 놀랍게도 이런 DIY 개념을 가장 먼저 도입한 기업 중의 하나가 세계적인 스포츠용품 업체인 나이키NIKE이다. 나이키는 1999년부터 웹사이트 방문자들이 일부 품목의 경우 자신이 원하는 재질과 색상을 골라서 주문할 수 있게 하였다. 최근 나이키는 이러한 서비스를 확대해서 NIKEiD라는 서비스를 시작했는데, 단순히 색상과 재질만 고르는 것이 아니라 소프트웨어를 이용하여 디자인을 하고 그 결과를 가지고 디자이너와 상의도 할 수 있다. 더불어 NIKE PHOTOiD라는 서비스를 활용하면 휴대폰에 저장된 그림을 직접 나이키에 전송할 수도 있는데, 나이키 소프트웨어에서는 전송된 영상을 분석해서 색상을 추출하고, 그에 어울리는 신발의 색상을 자동으로 조합해서 만들어진 신발의 디자인을 휴대폰으로 재전송한다. 고객은 디자인과 색상을 보고 마음에 들면 바로 구매할 수 있다.

나이키의 멋진 PHOTOiD 서비스는 스마트폰과의 결합을 통해 쇼핑의 재미를 불러일으키는 효과도 낳았는데, 아래 QR 코드에 연결된 비디오 클립을 보면 어떻게 이용하는지 금방 이해할 수 있다.

〈동영상 QR 코드 22〉 나이키의 PHOTOiD 서비스

제조융합 스타트업, 갑작스러운 스타덤에 대비하라

제조 2.0을 표방한 제조융합 스타트업 회사들의 경우 갑자기 스타가 되면서 수요가 폭증하게 되면 많은 어려움을 겪을 수 있다. 보통의 경우에는 처음으로 인정받고 많은 사용자가 몰리는 것처럼 좋은 뉴스도 없겠지만, 제대로 준비하고 대책을 세워두지 못하면 이런 관심의 기회를 놓치고 제대로 확장을 할 수 없게 되기 때문에, 이렇게 갑작스러운 확장의 기회가 생겼을 때 잘 대비하는 것이 회사의 성공에 큰 영향을 미친다.

하루아침에 스타가 되어버린 스타트업

하루아침에 스타가 되어버린 스타트업의 예로 앞서 언급한

Blank Label과 4food.com의 사례를 들 수 있다. Blank Label은 제조 2.0을 표방하는 DIY 남성 셔츠 제작 서비스를 하는 곳이다.

이 회사는 2009년 10월에 서비스를 시작한 이후, 마음대로 남성 셔츠를 제작할 수 있는 편리한 웹 인터페이스를 중심으로 호평을 받으며 수개월간 꾸준히 성장을 해왔다. 그때까지는 매달 수백 벌 정도의 셔츠를 판매하는 수준이었다고 한다. 그런데 이들의 성장이 뉴욕 타임스에 보도되면서 삽시간에 많은 사람들이 알게 되었고, 동시에 입소문으로 퍼지기 시작하자 감당할 수 없는 성장을 하게 된다.

Blank Label의 웹사이트 트래픽은 하룻밤 사이에 40배나 늘어났고, 급기야 웹 서버가 죽어버리는 상황이 발생하였다. 아무리 웹 서버를 재시작해도 대응을 할 수 없게 되자, 급하게 몇 시간 정도의 작업을 통해 전체 웹사이트를 훨씬 큰 서버로 옮겼다. 그러나 문제는 거기에서 끝나지 않았다. 이번에는 너무 많은 주문이 들어가면서 계약된 공급업체에 과부하가 걸리기 시작한 것이다. 주문된 셔츠의 제작이 늦어져 자연스럽게 배달이 늦어지게 되었고, 너무 급하게 제작한 탓에 불량품도 많아지기 시작했다. 결국 Blank Label의 경영진은 회사의 공급선을 교체하기로 결정하였다. 또한 지속적인 문제를 일으킨 결제 지연 현상을 해결하기 위해 새로운 결제방법도 도입되었다.

그 뿐이 아니었다. 웹사이트 문제와 제품 생산 문제 이외에 고객 서비스와 관련한 부분에도 문제가 생겼다. 너무 많은 고객의 불만사항이 접수되고, 동시에 고객들의 문의가 많아지면서 기존의 방식으로는 도저히 대처할 수 없는 상황에 봉착하였는데, 이를 해결하기 위해서 급하게 3명의 고객 담당 직원을 고용하고, 기술적으로 해결할 수 있는 부분은 아웃소싱을 하였다. 그렇지만 갑자기 불어닥친 상황에 미리 대비가 되어 있었다면 이 기간 동안 보다 충성도 높은 고객들을 많이 확보할 수 있었을 텐데, 안 좋은 경험을 한 고객들에게는 아마도 좋은 소문을 기대하기 어려울 것이다.

햄버거 2.0을 표방한 4food.com의 경우에도 언론에 자주 노출되었는데, 막상 문을 열고 보니 어쩔 수 없는 요식업체이기 때문에 인터넷과 같이 트래픽이 과다하게 발생할 경우의 문제에 대한 대비가 원활하지 못했다. 맨해튼에 위치한 매장으로 많은 사람들이 몰려들었고, 특히 점심시간에 최소한 한 시간 이상을 기다려야 음식을 받을 수 있는 심각한 대기 지체 현상이 나타나면서 초기에 몰려든 사람들이 많은 불만을 가지게 되었다. 또한 음식 값이 상대적으로 많이 비싸다는 평가까지 겹쳐서 초기에 기대했던 긍정적인 바이럴 효과보다 부정적 바이럴이 만만치 않게 퍼지고 있는 점이 큰 부담이 되고 있다.

또 하나의 사례로 커스텀 초콜릿 바를 만드는 Chocri라는 서비스 역시 비슷한 상황을 겪었다. 이들의 경우 언론에 노출되어 사용자가 급격히 늘어났다기보다는 벨런타인데이나 성탄절과 같이 특별한 초콜릿을 많이 찾는 시기에 급격하게 늘어나는 주문과 물량을 감당하는 것이 문제였다. Chocri는 두 번의 연말 성수기에 재고가 바닥나는 바람에 더 많은 주문을 소화하지 못하는 아쉬움을 겪었다. 이런 경험을 겪고 나서야 이 회사의 CEO였던 카르멘 마가Carmen Magar는 스태프를 늘리고, 제조 과정을 혁신하고 재고 관리에 대한 새로운 방법을 도입하는 등 대대적인 변신에 돌입하였다.

엄청난 성장에 대처하는 법

우리가 살아온 일반적인 산업사회에서는 하루아침에 스타가 되는 경우가 그리 많지 않거니와, 스타가 되더라도 물리적인 한계가 있어서 어느 정도의 흐름 조절이 가능하다. 예를 들어 TV에 식당이 소개되어 유명해지더라도 줄을 서고, 서빙을 하면서 사람들이 알아서 집으로 돌아가기 때문에 그러려니 할 수 있다.

그렇지만 소셜 웹이 활성화되고, 디지털 확산이 되는 특성을 가진 서비스들의 경우에는 정말 엄청나게 빠른 속도로 성장을 할 수 있고, 하루아침에 Blank Label과 같이 주문이 40배로 늘어나는 상황도 얼마든지 발생할 수 있다. 그중에서도 인터넷 서비스로 모든 것을 커버할 수 있는 경우라면 그래도 하루 정도의 혼란으로 대처가 가능하겠지만, Blank Label이나 4food.com, Chocri와 같이 앞으로 많아지게 될 오프라인에서의 실제 제조나 서비스 산업과 연계된 경우에는 이를 감당하기 위해서 보다 치밀한 계획과 급격히 주문이 늘어났을 경우의 대비책을 미리 강구할 필요가 있다.

여러 가지를 고민해야겠지만, 아래의 몇 가지 사항에 대한 확장 전략을 미리 매뉴얼처럼 만들어두는 것을 권하고 싶다.

- 웹에서의 기술적 인프라

    웹사이트의 트래픽에 견디는 확장 계획, 결제 문제.

- 제조와 관련한 인프라

    제조와 관련한 파트너들을 미리 확보. 사업이 확대될 경우
    SOS를 통해 쉽게 공급을 늘릴 수 있는 위기 대처 방안 및 공
    급 파트너를 복수로 확보.

- 서비스 및 인력 인프라

    폭발적으로 서비스 요구가 늘어났을 경우에 대비해 단기적인
    대책과 중장기 대책을 나누어 수립. 임시로 인력을 활용하거
    나 파트너들을 두고 이들과 역할 분담을 하는 등의 전략을 만
    들어두어야 함.

단기와 중장기적인 부분을 나누어서 현재의 트래픽 증가가 일
시적인 것인지, 아니면 시즌의 영향을 받는 것인지, 더 나아가서
는 고정화될 가능성이 있는 것인지에 대해서 잘 파악하고 미리

대비한다면, 최초의 성공 기운이 있을 때 튼튼하게 자리를 잡고 회사가 조기에 성장할 수 있을 것이다. 소 잃고 외양간을 고치는 일은 없어야 하지 않겠는가?

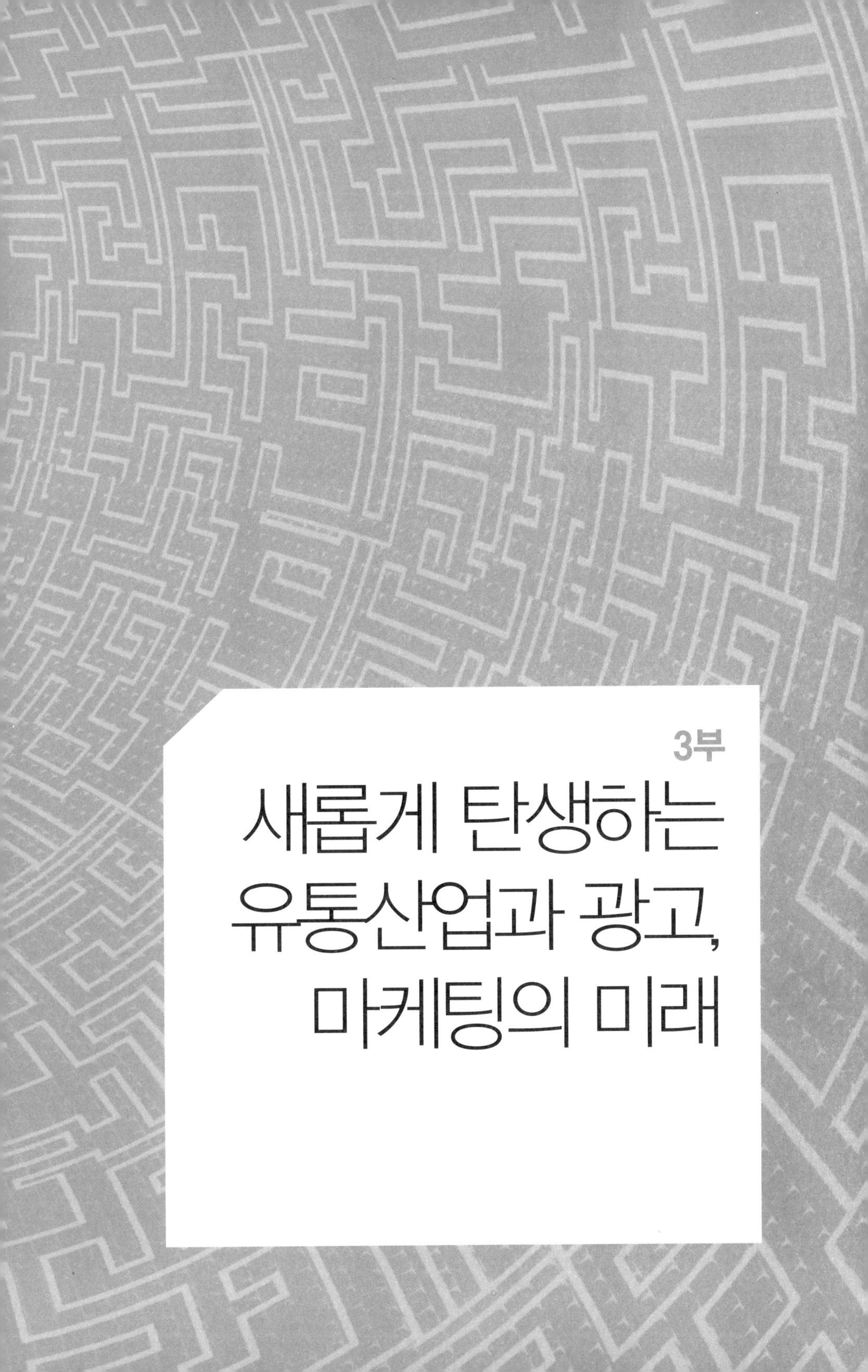
3부
새롭게 탄생하는
유통산업과 광고,
마케팅의 미래

모바일과 소셜 웹으로 대표되는 미래의 사회에서, 전통적으로 소비자들을 직접 만나던 소매 유통산업과 광고, 마케팅의 미래는 어떻게 변화할 것인가? 과연 우리의 미래는 집과 모바일 서비스를 통해 전통적인 소매 유통산업이 없어지고, 가상의 인터넷을 통해 물건을 고르고, 서비스를 이용하는 사회로 이행될 것인가?

또한 대량유통과 대중매체로 대표되는 현재의 시스템은 어떤 방향으로 발전하게 될까? 3부에서는 이러한 물음에 대한 답을 해보고자 한다.

세상을 하나의 상품을 경험하는 곳으로 바라본다면

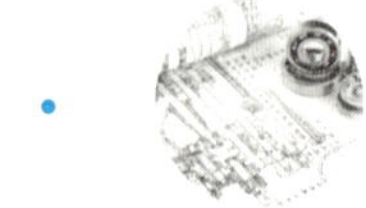

모바일 지불 시스템과 제품에 대한 확인이 가능한 사회가 다가오고 있다. 이미 스마트폰을 이용해서 가격을 알아보고, 해당 제품에 대한 확인을 즉석에서 하고, 심지어 주문을 할 수 있는 앱들이 개발되어 보급되고 있으며, 모바일 지불 시스템은 이런 기존의 소매 유통산업을 붕괴시킬 것만 같은 속도로 다가오고 있다. 각 개인이 자신들이 보는 것을 바로 평가하고 구입하고, 이를 퍼뜨리는 사회가 다가오고 있는 것이다.

소비자들은 언제 어디서나 모바일 기기를 이용해서 정보를 얻을 수 있으며, 각각의 브랜드는 자신들의 제품이나 서비스에 대한 스토리를 어떻게 말할 것인지에 대해서 준비해야 한다. 이런 상황에서 소매 유통산업이 준비해야 할 미래의 시나리오는 무엇일까? 소비자들이 거래를 일으킬 수 있는 장벽을 없애는 것이 첫 번째 숙제일 것이다. 마음에 드는 제품과 서비스를 만났을 때, 안전하면서도 쉬운 프로세스를 통해 구매가 일어나고, 이런 구매가 선순환을 일으키는 고객의 평가와 WOM 입소문Word of Mouth의 힘으로 다시 고객을 끌어들이는 소매 유통산업이 되어야 할 것이다. 두 번째, 판매자가 고객들이 자신의 매장에 들렀을 때 어떻게 하면 그들의 경험을 증진시킬 수 있을 것인가를 고민해야 한다. 모바일 기기를 통해 쉽게 제품 정보를 찾아볼 수 있고, 동시에 매장을 방문했을 때 한정 시간 프로모션을 준다거나, 다른 종류의 기분 좋은 서비스와의 결합을 통해 손쉽게 구매를 일으키고, 이런 기분 좋은 서비스를 퍼뜨릴 수 있다면 오프라인 매장의 존재는 단순한 온라인 매장의 수준을 뛰어넘는 경험을 선사할 수 있고 훨씬 강력한 경쟁력을 지니게 된다. 그런 측면에서 이제는 유통산업의 미래를 넓은 의미의 상품을 경험하는 것으로 바라보는 시각 변화가 필요하다.

모바일 앱이 가져다 주는 새로운 경험

새로운 기술이 가져다 주는 이러한 새로운 경험을 중심으로 하는 변화는 먼 미래의 이야기가 아니라 바로 눈앞으로 다가왔다. 가장 대표적인 것이 스마트폰에서 이용할 수 있는 모바일 앱이다. 최근 미국에서 각광을 받는 모바일 앱인 StripeyLines, ShopSavvy 등은 바코드를 스캐닝하거나 이미지로 직접 제품을 인식한 뒤에 가격과 해당 제품의 정보에 접근할 수 있으며, 심지어 바로 온라인 주문까지 가능하다. 이렇게 된다면 일반 매장은 단지 제품을 직접 보고 만지는 모델하우스의 역할을 할 뿐이다. 예를 들어 CD 앨범을 하나 사더라도 해당 바코드를 읽고, 아이튠스를 통해 음악을 스트리밍으로 간단히 들어보고 다운로드하는 소비자들의 구매 행동을 언젠가 우리는 인정해야만 할 것이다. 국내에도 QROOQROO나 Scan Search와 같은 바코드 가격비교 앱들이 이미 출시되어 있어, 이들이 온라인 구매 사이트들과 연결만 된다면 언제든 서비스가 가능한 시나리오이다.

지불의 문제도 미국에서는 Square라는 이어폰 잭에 연결되는 신용카드 리더기를 통해, 매장에서 가격 설정만 하면 바로 지불이 가능하다. 국내에서는 이미 휴대폰이 결제기능을 가지게 된 지 오래며, 최근 하나은행에서는 휴대폰을 태그하는 것으로 계좌이체가 가능한 신개념 서비스를 선보이는 등 전자지갑과 구매와 관련한 서비스는 당장이라도 이러한 조회 서비스와 유통업체를 연결할 수 있게 될 것이다.

소매 유통 혁신을 가속화하는 증강현실과 모바일 기술

최근 프로그 디자인Frog Design에서 내놓은 'ThingBook'이라는 컨셉 시나리오를 보면, 미래에는 모든 물체가 인터넷의 데이터 포인트 역할을 하고, 사람들이 모바일 시스템을 통해 즉석에서 해당 물체에 대한 정보를 볼 수 있고 이를 구매할 수 있을 것으로 예측하고 있다. 가령 지나가는 여자의 신발이 예쁘다면, 이를 바로 휴대폰으로 보면서 정보를 알 수 있고 구매할 수 있다는 것이다. 이런 시나리오를 가능하게 하는 데 결정적인 역할을 하는 것이 증강현실 기술이다. 증강현실 기술은 인터넷에 있는 가상계의 정보를 눈앞에 보이는 실제 세상과 연결해주는 기술로, 앞으로 그 용도가 굉장히 빠르게 늘어나게 될 것이다.

이와 함께 가장 각광받게 될 서비스는 아마도 해당 제품의 위치, 서비스 등과 직접 연결된 할인쿠폰이나 서비스를 전달하는 것들이 아닐까 한다. 이미 미국에서는 CouponSherpa, Cellfire 등을 포함한 여러 서비스가 등장하고 있으며, 국내에서도 조만간 여러 종류의 서비스들이 활성화되면서 중요한 서비스 인프라로 자리하게 될 것이다. 최근에는 페이스북에서 위치 정보를 중심으로 주변의 할인 정보 등을 검색해서 활용할 수 있는 Deals라는 서비스가 출시되었다. 국내에서도 여러 업체들이 이런 서비스를 준비하고 있어 조만간 일상적으로 볼 수 있을 것이다.

〈동영상 QR 코드 23〉 페이스북 Deals 소개 영상

또 하나의 중요한 조류는 소매 유통 매장에서의 경험을 풍부하게 만들어주는 기술이나 서비스들이다. 예를 들어 GPS나 주변 매장의 사진 등을 중심으로 쇼핑몰의 구조를 보여주고 원하는 매장을 검색하고, 쉽게 찾아갈 수 있도록 하며, 현재 어떤 제품이 어

디에서 팔리고 있고, 어떤 제품이 세일 중인지 등의 정보와 함께 쇼핑 자체를 즐겁게 도와주는 도우미 앱들이 인기를 끌게 될 것이다.

미국에서는 복잡한 쇼핑몰의 위치를 쉽게 찾을 수 있도록 도와주는 Fastmall.com과 같은 서비스와 앱이 인기를 얻고 있으며, GroceryIQ라는 앱은 물건을 살 때마다 사용자의 구매 패턴을 익혀놨다가, 매장에 갔을 때 좋은 상품을 저절로 추천하거나 할인 쿠폰을 제시하는 등 현명한 소비를 유도하는 새로운 개념으로 최고의 인기 유료 앱 중의 하나가 되었다.

또한, NearByNow와 같은 앱들은 단일한 쇼핑몰이나 근방에 있는 매장에서 추천할 만한 상품들을 그룹별로 묶어서 알려주고, 이곳에 들렀을 때 사용자들이 쉽게 구매를 할 수 있도록 유도한다. 이런 앱들은 오프라인 매장으로 사람들을 유도하며, 그들이 좋은 정보를 통해 쉽게 소비할 수 있도록 한다는 점에서 온라인 매장에 뺏긴 입지를 오프라인 매장으로 가져올 수 있는 좋은 기회를 제공한다고 하겠다.

포스퀘어를 활용한
뉴욕 패션위크의
재미있는 이벤트 기획

최근 스마트폰의 보급과 함께 가장 많이 퍼진 서비스로 트위터나 페이스북과 같은 소셜 웹 서비스를 꼽지만, 그에 못지 않게 최근 각광을 받는 서비스가 포스퀘어foursquare와 같은 위치기반서비스이다. 위치 센서를 이용해서 현재의 위치를 기반으로 이름이 있는 장소에 체크인check-in(어느 위치에 왔다고 선언하는 것)을 하고, 해당 장소에 대한 메이어mayor(주인)가 되거나 다양한 형태의 배지를 따기 위한 약간의 게임 요소를 도입한 것인데, 특히 최근에는 전통적인 산업과 다양하게 융합한 서비스들을 많이 선보이면서 실제적인 존재감을 더욱 높이고 있는 점이 눈에 띈다.

포스퀘어에 대한 여러 가지 활용 사례가 있는데, 세계 최대의 패션 산업 관련 행사라고 할 수 있는 뉴욕 패션위크New York Fashion Week에서도 이 서비스가 적극적으로 활용되었다고 한다. 예를 들어 포스퀘어 사용자는 쇼가 벌어지는 동안 어떤 곳을 방문하는 것이 좋은지에 대한 팁을 쉽게 얻을 수 있다. 또한, 러키 매거진Lucky Magazine과의 제휴를 통해 포스퀘어 사용자는 잡지에 들어 있는 700백개의 매장 중에서 어떤 곳이든 체크인을 하면 특수 제작된 배지를 획득할 수 있다.

유명 패션 브랜드인 마크 제이콥스Marc Jacobs 역시 포스퀘어를 적극 활용하고 있다. 이들은 협업을 통해 "Fashion Victim"이라는 새로운 배지를 만들었는데, 패션위크에 참가한 사람들이 뉴욕에 있는 마크 제이콥스 매장을 들르면 얻을 수 있다. 배지를 얻은 사람 중에서 4명을 추첨하여 마크 제이콥스 쇼에 들어올 수 있는 티켓을 주었다. 그중 한 명의 당첨자가 "The Art of Awkward"라는 스타일 블로그를 운영하는 일레인 엘리스Elaine Ellis였는데, 그녀는 당첨된 내용과 경험을 블로그에 소상히 포스팅하면서 많은 사람들과 기쁨을 같이 나누었다. 이런 이벤트를 통해 포스퀘어와 마크 제이콥스는 훌륭한 마케팅 효과를 얻었다. 특히 자신들의 매장이 어디에 있는지 사람들에게 확실하게 각인시키는 데에도 성공했고, 매장에서 제공하는 옷 스타일에 대해서도 충분히 알릴 수 있었기 때문에 단순히 TV나 온라인상에서 느낄 수 있는 것과는 차원이 다른 경험을 전달했다는 후문이다.

로스엔젤레스의 더 그로브The Grove 몰의 경우 일부 브랜드에서 포스퀘어와 충성 고객 리워드 프로그램을 공유하는 시도도 있었다. 브랜드 배지를 제공하고, 여기에 따라 추가적인 포인트를 적립하고, 회원들이 보다 자주 매장을 들르고 재미를 느낄 수 있는 요소를 만들어줌으로써 다른 매장에 비해 고객들의 충성도를 훨씬 높게 유지할 수 있었다고 한다. 이런 움직임은 최근 Gap, Nordstrom과 같은 다른 브랜드에서도 감지되고 있는데, 많이 체크인을 할 경우 배지를 주는 것만으로도 많은 사람들에게 포스퀘어뿐만 아니라 트위터나 페이스북에 매장의 위치와 브랜드를 지속적으로 각인시킬 수 있다는 점에서 더욱 활발한 사례가 나올 것으로 보인다.

방송 콘텐츠와 스마트폰의 결합 모델

포스퀘어의 체크인이라는 개념은 최근 방송과도 결합하고 있다. 미국에서 가장 유명한 리얼 버라이어티 쇼를 제작해서 보급하는 브라보 TV는 포스퀘어에 브라보 TV에서 방송하는 콘텐츠들과 연관된 배지를 제공하고, 브라보 TV 콘텐츠와 연관된 장소를 지정해서 브라보 태그가 붙어 있는 위치를 만든다. 이렇게 만들어진 500개 이상의 지정 장소에 체크인을 하면 배지를 획득할 수 있다. 브라보 TV의 가장 인기 있는 쇼들인 〈The Real Housewives〉, 〈The Millionaire Matchmaker〉, 〈Top Chef〉, 〈Kell on Earth〉, 〈Top Chef Masters〉, 〈Shear Genius〉 등과 연관된 곳들이 배지를 획득할 수 있는 장소로 지정되었는데, 앞으로는 위치기반서비스와 포스퀘어의 특성에 맞는 실제 지역 사회의 매장들과 관련성을 높일 수 있는 특화된 TV 쇼도 많이 기획할 예정이라고 한다. 브라보 TV 측에서는 포스퀘어의 구조가 우리의 실제 생활과 게임, 그리고 TV 콘텐츠를 결합해서 많은 사람들이 재미있게 즐기고 살아가는 경험을 주는 데 도움을 준다고 판단하고 이런 협력을 강화하고 있다는 후문이다.

〈동영상 QR 코드 24〉 포스퀘어와 브라보 TV 협업 관련 광고

포스퀘어의 가장 강력한 라이벌이라 할 수 있는 서비스로 고왈라Gowalla를 들 수 있다. 고왈라의 경우에는 주요 케이블 TV 사업자 중의 하나인 트래블 채널Travel Channel과 제휴를 맺고 방송콘텐츠와 위치정보사업 결합 서비스 경쟁에 뛰어들었다. 고왈라는 기본적으로 포스퀘어와 비슷하지만, 아이템 기반의 게임 요소가 많이 가미되어 있는 위치기반 소셜게임 플랫폼에 가까우며, 포스퀘어와 마찬가지로 SDK를 공개하고 경쟁을 하는 회사이다. 고왈라의 트래블 채널은 제일 먼저 〈Food Wars〉라는 콘텐츠에 대한 서비스를 제공한다. 이 프로그램은 여러 도시를 돌아다니면서 그 도시의 음식점 중에서 특정 요리에 대한 최고의 라이벌 2곳을 선정한 다음에 대결을 벌이는 컨셉의 프로그램으로, 트래블 채널에서 가장 인기 있는 프로그램 중 하나이다. 고왈라는 실제 손님들이 이들 음식점에 체크인을 할 수 있도록 하고, 특별하게 고안된 패스포트 스탬프를 배포하는데, 고왈라 사용자들은 해당 음식점에 가면 이 스탬프를 모을 수 있게 된다. 또한 쇼에 대한 정보도 알 수 있고, 쇼와 직접적인 연관이 있는 아이템을 주울 수도 있다.

아이템과 위치기반서비스,
그리고 새로운 상거래 경험

고왈라는 포스퀘어보다 아이템을 이용한 플레이가 가능한 점을 최대한 이용해서, 실제 로컬 매장들과의 협업도 강화하고 있다. 2010년 1월에는 인케이스 InCase 라는 유명한 아이폰·아이패드 케이스 제조업체와의 협업을 발표했는데, 아이폰을 들고 근처에 있는 앱스토어에 가서 체크인을 하면, 인케이스 브랜드의 가상 아이템을 모을 수 있다. 그리고 이렇게 모은 가상 아이템은 나중에 추첨을 통해 실제 아이폰 케이스를 받을 수 있는 기회를 얻는 데 이용된다. 또한 베스트바이 Best buy 는 고왈라와 체크인을 한 고객에게 공짜 Eye-Fi 카드를 획득할 수 있는 추첨 기회를 주고 있다. 고왈라의 이런 다양한 시도는 앞으로 우리나라에서 개발하게 될 다양한 위치기반의 소셜게임에서도 많이 등장하게 될 것으로 보인다.

이런 서비스가 인기를 끌면서 많은 브랜드들이 더욱 다양하고 실험적인 프로모션을 시도하며 가치에 대한 테스트를 하고 있는데, 현재까지의 양상을 보자면 대부분 자주 오는 사람들에게 보상을 주는 방식이 가장 많은 듯하다. 예를 들어 아이스크림 업체인 Ben and Jerry's에서는 포스퀘어 메이어에게 아이스크림 가격을 반으로 깎아주거나 한 스쿱을 더 주는 등의 혜택을 주고 있으며, Gap에서는 체크인만 하더라도 25% 할인해준다. 이런 실험들은 현재까지 많은 사람들에게 신선함을 주었고, 그 가능성을 타진하는 데 기여했지만, 앞으로는 더욱 다양하고 심도 있는 응용이 가능할 것이다. 단지 방문하는 것만으로는 실질적인 비즈니스와의 연결이 쉽지 않다. 아무것도 사지 않지만 체크인을 하거나, 아주 조금만 사고 디스카운트는 많이 받아가는 소위 '체리 피커'들이 득세할 가능성도 많다. 또한 특정 위치에 매여 있는 것 자체에 대한 문제도 있다. 예를 들어 어떤 고객이 여러 스타벅스 매장에 들른다면 이 고객은 매장의 메이어가 되기 어렵고, 이 사람은 스타벅스에 대해 매우 충성도가 높고 많은 매출을 일으키는 고객임에도 불구하고 제대로 리워드를 받기 어려울 수 있는 것이다.

로열티 프로그램과의 연계 가능성

이런 문제점을 해결하기 위한 방법으로 기존의 로열티 프로그램과의 연계가 활발히 연구되고 있다. 기본적으로 로열티 프로그램은 고객이 전용 카드 등을 통해 구매를 할 때마다 포인트를 적립했다가 쓸 수 있도록 하는 형태가 대부분인데, 이 프로그램은 반대로 고객이 어떤 지역의 매장에서 매출을 많이 일으키고, 경쟁사나 다른 매장에 얼마나 들르는지 등에 대한 정보가 없다는 단점이 있다.

이렇게 생각하면, 위치기반서비스를 통해 특정 매장에 체크인을 하고 이곳에서 구매를 하는 로열티 프로그램과 연결한다면, 매장별로 구매한 횟수나 금액의 집계가 가능하고, 좋거나 나빴다는 선호도 등을 알 수 있으면 고객 맞춤형으로 훨씬 좋은 서비스를 제공할 기회가 생길 것이다. 그런 면에서 위치기반서비스를 로열티 프로그램과 연계한 고객과 지출, 위치와 감성을 결합한 새로운 차세대 리워드 프로그램이 큰 가능성을 가지고 있다고 할 수 있다. 예를 들어 어떤 사용자가 매일같이 스타벅스에서 카페라떼를 사고 건너편 던킨 도넛에서 샌드위치를 산다면, 두 회사는 모두 이 정보를 유용하게 이용할 수 있다. 만약 많은 고객이 이런 패턴의 습관을 가지고 있다면 스타벅스 입장에서는 새로운 샌드위치 메뉴를 추가하거나, 현재의 아침식사 메뉴를 없애는 등의 결정을 내리는 데 도움이 된다.

숨겨진 의미를 찾아라

이런 여러 정보를 얻을 수 있다면, 중요한 경영적인 판단을 내릴 수 있어서 변신과 혁신을 일으킬 수 있는 중요한 자산이 된다. 예를 들어 시간대에 맞춘 새로운 소비 패턴 등을 알 수 있다면, 특별 할인가를 적용하거나 새로운 메뉴를 적정한 시간에 제공하는 일종의 번개타임 메뉴 같은 것을 기획해서 성공시킬 수도 있을 것이다. 프로모션은 고객들이 항상 하고 있는 것에는 집중할 필요가 없다. 프로모션으로 고객의 행동 양상을 바꿀 수 있다면 그것이 가장 중요한 포인트이다. 이렇게 되면 업체 입장에서도 새로운 블루오션을 찾는 셈이 되며, 소비자 입장에서도 자신이 좋아하는 브랜드에서 자신에게 맞는 오퍼를 받게 되고 여기에서 새로운 리워드를 받을 수 있어서 누이 좋고 매부 좋은 상황이라 할 수 있다.

이와 같이 앞으로 모바일과 위치기반서비스, 그리고 실제적인 상점에서의 다양한 경험과 소셜 네트워킹 요소를 적절하게 결합시킨 크로스-플랫폼 경험들은 이제 막 시작 단계로, 다양한 형태의 경험이 앞으로 많이 디자인되고 실제로 실행될 수 있을 것이다. 여기에 사진과 비디오, 리뷰 또는 실시간 조언이나 추천과 같

은 요소들이 결합된다면 더욱 재미있는 마케팅·영업 활동이 가

능하지 않을까 상상해본다.

기술과 벽보가 만나서
새로운 광고를 만들다

우리가 흔히 보는 벽보나 버스 광고, 그리고 간판이나 빌보드 등의 광고는 언제나 정적이고 상당히 오랜 역사를 가지고 있으면서도 오늘날의 기술혁신에 따른 변화는 그동안 그다지 크지 않았던 영역이었다. 그런데 우리나라에서도 다음Daum에서 디지털 사이니지Digital Signage라고 부르는 새로운 형태의 디스플레이 구조물을 지하철역과 일부 거리에 설치하면서 이런 모습을 조금씩 바꿔가고 있으며, 다른 기업 역시 이런 구조물에 대한 인식을 달리하면서 거리가 점점 더 입체적으로 바뀌어가고 있다.

앞으로는 이와 같이 가상계(인터넷을 포함)와 현실계(인터넷 세상이 아니라 만질 수 있는 3차원의 현실세계)를 연결할 수 있는 기술을 활용한 재미있는 쌍방향 구조물들과 이를 활용한 광고 전략들이 많이 나올 것으로 생각된다.

SMS와 광고판의 결합

아일랜드 더블린의 혼다_{Honda} 광고판의 경우, 길을 걸어가던 사람이 광고판에 적혀 있는 짧은 코드를 SMS로 보내면 차가 출발하는 것 같은 느낌을 구현하였다. 또한 이 차량에 대한 정보를 블루투스로 다운로드할 수도 있다. 굳이 스마트폰이 아니더라도 구현할 수 있는 쌍방향 광고이면서, 사람들에게 호기심을 불러일으킬 수 있고, 무엇보다 아날로그의 느낌으로 구현한 멋진 기획이 아닌가 한다. 기술보다 소중한 것이 기획 능력이다. 이제는 우리 앞에 주어진 기술이나 기회의 형태가 매우 입체적으로 등장하고 있기 때문에, 이런 것들을 어떻게 잘 조합할 것인가에 보다 많은 신경을 써야만 한다.

〈동영상 QR 코드 25〉 SMS와 광고판을 결합한 독특한 혼다의 시도

맥도날드의 LED 광고판으로 즐거운 경험을 맛보다

런던의 맥도날드 매장에는 커다란 LED 스크린이 있다. 이 스크린에는 건너편에 있는 보행자들이 화면에 나타나는 영상에 맞추어 무엇인가 재미난 사진을 찍도록 의도적인 연출을 하고 있는데, 이런 행위가 유튜브 등에서 회자되고 동시에 관광객들이 꼭 들러보는 명소가 되면서 자연스럽게 큰 광고 효과를 올리고 있다. 핵심은 자신들의 메시지만 일방적으로 전달하려는 자세가 아니라, 이곳을 들르는 사람들과의 소통을 통해 같이 무엇인가 재미있는 것을 만들고자 하는 기획력에 있다. 이곳은 피카딜리 서커스Piccadilly Circus라고 불리는 곳으로, 런던에서도 사람들이 사진을 가장 많이 찍는 포인트 중 하나인데, 여기에 재미난 경험까지 같이 하도록 반대편 매장의 LED를 활용한 것이다. 관광객들이나 보행자들은 이곳에서 찍은 사진을 자연스럽게 자신들의 페이스북, 트위터, 플리커와 같은 소셜 웹 서비스에 등록하고, 여행에서 가장 소중한 기억 중 하나로 남기면서 재미있던 경험과 맥도날드를 연결시킨다는 점에서 앞으로도 지속적인 효과를 끌어낼 수 있는 훌륭한 기획이라 하겠다.

BMW를 타는 사람들의 자부심을 이용하는 광고판 전략

샌프란시스코의 BMW 미니MINI 광고판은 접근하는 미니 자동차의 키에 내장된 운전자의 이름을 인식해서 운전자에게 간단한 인사 메시지를 보여준다. 그런데 아무 메시지나 출력되는 것이 아니라 차량을 살 때 기입했던 개인 정보에 맞추어 메시지가 나온다. 예를 들어 마이크라는 운전자가 요리사라면 "마이크, 오늘의 특별 요리는 Speed!" 이런 식이다. 일반적인 광고들이 불특정 다수를 위한 홍보에 초점을 맞춘 것에 비해, 이런 광고는 미니 차주들에 대한 BMW의 고객 관리 측면에서 만족감을 줄 수 있고, 이를 바라보는 사람들에게도 BMW 미니를 사면 저렇게 특별한 관리를 받는다는 느낌을 줄 수 있다. 다만 광고판을 바라보다 사고 위험성이 증가하지 않을까 하는 우려가 있다.

공익적인 측면을 강조하며
기술과 접목한 BBC와 나이키

영국 BBC 월드 채널은 미국에서 BBC를 홍보하면서, 특히 국제뉴스에 특화되었다는 것을 알리기 위한 전략으로 지나가는 사람들에게 관심 있고 논란이 있을 만한 뉴스를 주기적으로 광고판에 보여주면서 좌우에 투표를 할 수 있는 SMS 번호를 준다. 해당 번호로 문자를 보내면 자연스럽게 투표가 이루어지며, 사람들은 자신의 의사를 표현할 수 있고 많은 사람들이 투표 결과를 계속해서 볼 수 있다. 이를 통해 국제 문제와 관련한 관심을 유도하고, 자연스럽게 BBC 월드에 대한 홍보를 진행하는 것이다.

나이키는 아르헨티나에 운동을 하면서 기부를 할 수 있는 광고판을 마련했다. 주변을 지나가다가 트레드밀에 올라가서 1km를 뛸 때마다 정해진 액수만큼 유니세프UNICEF에 기부한다. 1km를 뛴다는 것이 쉽지는 않지만, 그렇다고 아주 어렵지도 않기 때문에 사람들에게 운동의 중요성도 홍보하고, 운동을 많이 하게 되면 나이키 상품을 살 가능성이 높아지며, 동시에 이를 통해 사회적인 기여도 한다는 긍정적인 이미지까지 심어줄 수 있는 기획이다.

이처럼 첨단 기술이 아니더라도, 우리가 과거부터 전통적으로 가지고 있던 현실계의 공간과 구조물을 적절히 활용하면 훨씬 더 멋진 경험을 선사할 수 있다. 앞으로 우리나라에서도 정말 깜짝 놀랄 만한 재미있는 기획들이 많이 나오기를 기대해본다. 디지털 사이니지와 스마트폰 보급에 따른 공간의 쌍방향적인 변화가 또 다른 광고와 마케팅, PR의 중요한 수단으로 조만간 자리 잡게 될 것이다.

유통업,
소셜에 접속하기 시작하다

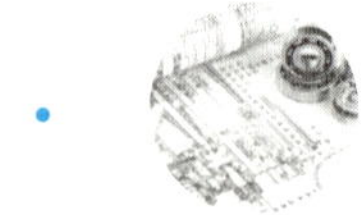

모바일 소셜 네트워크와 매장의 인터넷이 연결되면 고객들이 친구들 또는 제품이나 서비스에 마음이 있는 사람들과 실시간 소통하며 피드백을 받을 수 있게 된다. 이런 피드백과 조언은 혼자서 쇼핑하는 것이 아닌 사회적인 경험으로 다가오게 될 것이며, 좋은 피드백이 많은 경우에는 쉽게 구매를 결정할 수 있을 것이다.

소셜은 선택이 아니라 필수

이때 매장을 운영하는 사람의 입장에서 나쁜 경험을 가지는 경우를 두려워하여 소극적으로 접근하기보다는 적극적인 대처를 하는 것이 낫다. 불만이 있다면 매장에서 가지는 것이 구매 후 불만을 느끼는 경우보다 훨씬 낫다. 그러므로 이런 사회적 경험을 촉진시키기 위해서 매장에서 쉽게 무선 인터넷을 사용할 수 있도록 하고, 상품 구매에 대한 피드백이나 의견 나눔 등이 보다 쉽게 일어나도록 배려하는 것이 좋다. 또한 소셜 웹 서비스를 활용하는 것도 중요한데, 매장을 대표하는 트위터나 페이스북 계정을 열고, 이런 계정을 통해 매장에 오거나 오지 않거나 소통이 가능하도록 하고, 고객들이 쉽게 상품에 대한 사진이나 매장에 대한 사진을 찍고 이를 퍼뜨리거나 공유할 수 있도록 하는 것이 좋다.

특히 일부 매장에서 매장 내 사진을 못 찍게 하는 경우가 있는데, 이런 정책은 시대에 역행하는 것으로 지양하는 것이 좋다. 매장 직원들도 즐겁게 사진 촬영에 응해주고, 즐거운 경험을 선사한다면 이런 즐거운 경험을 퍼뜨리려는 고객들이 많아질 것이고, 이들이 중요한 홍보원이 될 수 있음을 명심하자.

Diesel이라는 스페인의 의류 소매점에서는 무인 키오스크 카메라로 사진을 찍어서 페이스북에 전송할 수 있다. 옷을 입어본 뒤 즉석에서 촬영을 하고, 이때 찍은 사진에 대해 페이스북의 친구들의 의견을 들어본다. 만약 긍정적인 피드백을 받게 되면 옷을 구매할 가능성이 높아진다.

고객과 디자이너가 연결되어 투표라는 과정을 통해 새로운 가구 등을 만드는 서비스도 등장했다. 일단 마음에 드는 디자인이 나오면 주문을 할 수 있고, 제작부터 배달까지의 전체 과정을 모니터링하는 고객과 디자이너, 제조사가 함께하는 서비스로 Made.com에서 시작하였다.

페이스북의 "좋아요(Like)" 버튼 적극 활용

최근 리바이스Levis가 페이스북을 활용하는 방식도 화제가 되고 있다. 페이스북의 "좋아요Like" 버튼을 가장 잘 활용한 예로 미디어나 콘텐츠 사업체가 아닌 리바이스가 꼽히고 있는 것이다. 리바이스는 제품마다 "좋아요Like" 버튼을 달고, 구매 결정한 내용을 공유할 수 있으며, 사이트 내에서 친구들이 좋아한 것들을 모아서 보여주는 것도 가능하다. 모든 사람들이 좋아한 청바지 스타일과 각 개인별로 좋아한 것들이 웹사이트에 나타나는데, 이렇게 웹 스토어에 페이스북 애플리케이션을 만들어서 "좋아요" 버튼을 달아둔 것으로 큰 바이럴 홍보 효과를 누리고 있다. 최근에는 리바이스의 이런 커다란 성공을 거울 삼아, 세계 최대의 온라인 상거래 업체인 아마존에서도 페이스북의 "좋아요" 버튼의 적극적인 도입을 위해 다양한 테스트를 진행하고 있다.

코카콜라 빌리지의 경우에는 여기에 한술 더 떠서 사용자의 데이터를 팔찌에 입력해서 RFID 태그로 "좋아요" 버튼을 물리적인 세상에서 실제 이용할 수 있도록 하였다. 가상세계를 현실세계로 연결한 것인데, 이곳을 이용하는 사람들이 자신의 팔찌를 활용해도 좋다고 간단히 팔동작을 통해 의사표현을 하면 이를 바이럴의 형태로 널리 퍼뜨릴 수 있게 된다. 코카콜라 빌리지는 수영과 일광욕, 그리고 다양한 놀이를 할 수 있는 워터파크로, 주로 10~20대 젊은이들을 상대로 문을 열었다. 일단 입장을 하면 RFID가 들어 있는 팔찌를 받게 되는데, 여기에 자신들의 페이스북 로그인 정보를 담는다. 그리고 이곳에서 놀다 보면 여러 사진사들이 사진을 찍는데, 자신이 찍힌 사진은 곳곳에 설치된 모니터를 통해 확인이 가능하다. 마음에 드는 사진이 있다면 해당 사진을 자신의 페이스북 계정에 공유하기 위해 간단히 팔찌를 흔들기만 하면 된다. 이렇게 함으로써 자연스럽게 해당 사진에 대해 "좋아요" 버튼을 클릭한 것과 같은 효과가 나타나며, 코카콜라 빌리지는 입소문을 타고 널리 알려지는 것이다. 또한 빌리지 내에서 판매되는 각종 음식들이나 음료수, 서비스에 대해서도 간단히 "좋아요"라는 감정을 표출할 수 있다.

이 아이디어는 페이스북이라는 가상계의 활동이 RFID 기술로 인해 현실계와 만나는 인터페이스로 훌륭하게 동작하고 있다는 점에서 매우 인상적이다. 또한 바이럴 현상을 일으키는 데 있어 페이스북의 "좋아요" 버튼은 간단하면서도 효과적으로 이용될 수 있는 도구임을 증명하며, 앞으로 이런 형식의 인터페이스가 현실세계에도 다양하게 접목될 수 있는 가능성을 보여주었다.

<동영상 QR 코드 29> 2010 코카콜라 빌리지에서 페이스북과 RFID의 만남

 오프라인 비즈니스 혁명

소셜 구매 정보를 모아 공유하는 서비스

매장에서의 변화와 온라인 매장의 소셜화도 중요한 변화의 양상이지만, 최근에 Blippy, Shop Socially나 Swipely 등의 서비스는 소비자들의 동의하에 신용카드 구매 정보를 공유하고, 이를 바탕으로 분석하여 그룹 상품 추천 정보를 실시간으로 제공한다. 그리고 이 정보를 바탕으로 여러 브랜드들이 소비자들의 구매 패턴에 최적화되고 가장 좋은 프로모션 정보 등을 제공하는 방식으로 발전할 가능성도 있다.

아래 QR 코드로 링크한 비디오는 대표적인 서비스 중의 하나인 Blippy의 소개 비디오로, 소셜 네트워크 친구들의 구매 정보를 서로 공유하는 것을 바탕으로 다양한 부가 서비스를 제공한다.

〈동영상 QR 코드 30〉 소셜 네트워크 구매정보 공유 서비스 Blippy

최근 소문에 따르면 애플 역시 iGroups라는 개념의 앱을 개발하고 있다. 이 앱은 매장, 콘서트장, 레스토랑 등의 위치 정보를 바탕으로 한 소셜 네트워크나 잘 아는 친구 관계 등을 중심으로 형성된 그룹들이 실시간으로 상품 추천이나 구매에 대한 조언을 해줄 수 있도록 한다고 하는데, 이런 종류의 앱이 많이 쓰이게 되면 매장에서의 소셜 웹 활용의 빈도는 더욱 높아질 것이다. 이제 미래를 대비한다면 오프라인 매장과 유통 서비스에서도 어떻게 소셜 웹을 잘 활용할 것인가에 대해서 많은 고민을 해야 한다.

소셜 커머스, 소셜 소비자, 그리고 소셜 화폐

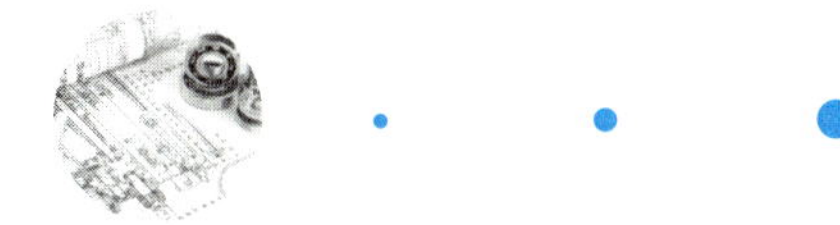

앞 장에서 소셜 웹과 전통적인 매장, 유통업이 접속하는 사례를 설명했다면, 이번 장에서는 최근 큰 인기를 모으고 있는 소셜 커머스와 소셜 소비자, 소셜 화폐와 같은 새로운 서비스의 개념을 설명하고자 한다.

이제는 소셜 웹 서비스와 위치기반서비스 등과 같은 새로운 기술의 접목을 통해 과거보다 훨씬 적극적으로 고객들과 관계를 맺고 다양한 서비스를 제공할 수 있다. 고객들이 소셜 네트워크를 이용해서 협업을 하고, 동시에 이런 활동이 개인의 구매를 자극하는 방식은 강력한 구매 동기를 유발한다. 공동구매를 포함하여 온라인에서의 협업과 그룹이 움직이는 상거래 역시 앞으로 중요한 형태가 될 것이다.

여러 가능성들이 있겠지만, 모바일 소셜 네트워크를 활용해서 매장에 들렀을 때 쿠폰을 발행하거나 프로모션을 통해 추가적인 구매가 일어나도록 유도하는 방법, 그리고 그룹이 공동구매를 할 때 할인을 하는 방식으로 단기적으로 매출을 늘리고, 장기적으로 는 브랜드 이미지와 성장을 유도하는 전략은 앞으로도 계속 유망할 것으로 생각된다. 또한 상품에 대해서 잘 알고 있는 커뮤니티와의 적극적인 대화와 교류 역시 매출에 긍정적인 영향을 미친다.

소셜 공동구매의 부상

이런 새로운 소매 유통 양식에 있어 최근 가장 뜨고 있는 서비스가 바로 그루폰GroupOn이다. 그루폰은 2010년 12월 구글에서 무려 60억 달러(7조 원)의 인수 제안을 받았음에도, 이를 거절할 정도로 최근 10년간 기업 역사상 가장 빠른 속도로 성장하고 있는 회사이다. 국내에서도 이와 유사한 서비스들이 많이 등장하고 있는데, 정해진 시간 내에 정해진 수의 사람들이 할인된 가격을 맞추게 되면 실제로 공동구매가 이루어지는 단순한 서비스로, 마감시간과 대폭 할인이라는 2가지 미끼로 폭발적인 인기를 누리고 있다. 특히 하루에 해당 지역마다 단 하나의 오퍼만 주어진다는 점도 사람들의 경쟁 심리를 자극하고 있다.

여러 명이 동시에 공유하는 금융 계정을 만들고, 다양한 수준 의 접근 레벨을 설정한 뒤에 이를 이용해서 여러 가지 구매를 하거나, 서비스를 운영하는 것과 같은 새로운 금융 서비스도 등장하고 있다. WePay.com이 그것으로 이 계정은 보험상품으로 보호도 받고 있다. 동호회나 커뮤니티 운영 등을 위해 가장 문제가 되었던 돈 관리 문제를 깔끔하게 해결한다는 점에서 앞으로 주목할 만한 사업 영역이다. 쉽게 돈을 모으고 쓸 수 있으며, 동시에 그 내역도 즉시 확인 가능하다는 점에서 새로운 금융 서비스로 주목된다.

소셜 소비자, 온라인과 오프라인을 넘나든다

소셜 소비자는 온라인과 오프라인을 구별하지 않는다. 과거에는 전통적인 매장에서 소비를 하는 계층과 집에서 편안하게 온라인 쇼핑을 하는 계층이 명확히 구별되었다면, 스마트폰과 소셜 웹, 그리고 라이프 웹 기술로 무장한 소비자들은 언제 어디서든 자신을 위한 소비를 한다. 이들은 단지 소비자로 남는 것이 아니라 자신이 소비하는 제품 브랜드를 소셜화하는 적극적인 소비자이기 때문에, 어찌 보면 해당 제품의 마케터이자 바이럴을 일으키는 가장 중심적인 협력자이기도 하다. 그런 측면에서 바라본다면 이런 소셜 소비자들에 대한 적절한 보상이 이루어지는 것이 당연한 것인지도 모른다.

이미 페이스북 Places나 "좋아요" 버튼, 그리고 포스퀘어의 체크인 등 소셜 소비자들에 대한 보상이 다양한 형태로 이루어지고 있으며, 많은 매장에서 페이스북이나 포스퀘어, 트위터 등을 이용한 소셜 마케팅을 소비자들이 자발적으로 해주기를 기대하는 다양한 스티커나 사인을 구경하는 것이 더 이상 낯설지 않게 되었다.

최근 미국에서는 전통적인 의류 브랜드인 Gap이 매장에 직접 들러서 해당 매장에 포스퀘어를 활용해 체크인을 한 고객에게 25% 할인해주는 행사를 진행하였다. 어찌 보면 지나치다 싶은 이런 프로모션에 대해, Gap의 경영진은 입소문에 의한 소셜 광고 효과를 감안한다면 이 정도의 투자는 충분히 가능하다는 입장이라고 한다. 특히 이들은 포스퀘어뿐만 아니라, 트위터와 페이스북, 블로그와 전통 미디어로 이어지는 입체적인 미디어 전략을 어떻게 효과적으로 구성할 것인지가 앞으로의 홍보 마케팅에서 가장 중요한 능력이 될 것으로 보고 있다.

소셜 화폐 개념의 부상

확실한 것은 이제 더 이상 트윗, 페이스북의 "좋아요", 체크인, 그리고 공유 등의 개념이 낯설지 않게 될 것이라는 점이다. 이런 소비자들의 행위는 그 자체로 사회적인 가치를 창출할 수밖에 없다. 그런 측면에서 PR 2.0 블로그로 유명한 브라이언 솔리스Brian Solis는 이런 행위를 소셜 화폐social currency의 다른 형태로 보고 있다. 이런 소셜 화폐를 얻거나 증폭시키기 위해 여러 업체들이 내놓는 특별 할인이나 보상은 그런 측면에서 그 자체로 의미를 가지며, 더 나아가서는 이런 행위를 통해서 자신들의 브랜드에 대해 소셜 소비자들의 호의적인 영향력이 확대되어 그들이 가진 소셜 화폐의 가치가 늘어난다면 전체적인 증폭 효과를 가져올 수 있다는 점도 충분히 고려되어야 한다.

앞으로 이런 소셜 화폐가 점점 더 영향력이 커져감에 따라 보다 정량화된 시스템을 통한 새로운 서비스들도 등장하게 될 가능성이 많다. 미국에서 최근 선을 보인 샵킥Shopkick이라는 서비스의 경우 휴대폰으로 매장에 체크인하면 "킥벅스Kickbucks"라는 가상 화폐나 쿠폰을 부여받는다. 또한 소비자들이 바코드를 스캔하는 등의 행위를 하면 포인트가 올라가거나 새로운 할인 쿠폰 또는 정보 등을 얻을 수 있는데, 더 나아가서는 원하는 소비자들에게는 명시적인 행위를 하지 않아도 근처에 있는 것이 확인되면 매장의 할인 정보나 매력적인 스페셜 쿠폰 등이 전달되도록 하고 있다.

어찌 보면 우리가 구매한 상품이나 경험을 친구들과 공유하는 행위는 우리의 실생활에 있어서도 매우 자연스러운 행위이다. 이런 점을 감안한다면 단지 위치 정보를 공유하는 수준을 넘어서 자신의 구매 정보를 경우에 따라서는 다른 사람들과 공유하는 것도 가능할 것이다. 물론 개인의 명시적인 동의가 필요하고, 악용될 여지를 최대한 제거했다는 가정하에서의 이야기이다. 이런 부분에 초점을 맞춘 서비스가 바로 앞 장에서 언급한 Blippy나 Swipely와 같은 서비스로, 자신들의 구매와 관련한 정보를 소셜 웹을 통해서 공유하고 퍼뜨린다.

포스퀘어와 펩시코의 협력, 소셜 화폐의 현실화

최근 포스퀘어가 펩시코PepsiCo, 그리고 미국의 커다란 청과물

수퍼마켓 체인인 세이프웨이Safeway(Vons 등을 가지고 있는 회사)와 파트너십을 맺고, 체크인에 대한 적립제도를 본격적으로 시험하기 시작했다. 이는 체크인이라는 소셜 활동을 소셜 화폐로 보고, 실질적인 리워드 프로그램과 연계한 시도로 볼 수 있으며, 앞으로 위치기반서비스가 어떻게 실제 비즈니스나 유통업 등과 연계할 수 있을지를 보여주는 첫 번째 메이저 유통업체와의 협업이기 때문에 그 결과가 주목된다.

형태는 세이프웨이가 가지고 있는 기존의 로열티 프로그램(포인트 적립)의 계정을 포스퀘어 계정에 추가로 입력하면 다음부터 세이프웨이에 와서 체크인을 할 때마다 리워드가 쌓이는 방식이다. 이는 앞으로 이런 형태의 협력이 이루어지는 곳들이 있으면 다른 프랜차이즈 체인들도 자신들의 로열티 프로그램 계정을 간단히 포스퀘어에 연결할 수 있다는 것을 의미한다.

또한 포스퀘어와 펩시코는 포스퀘어 사용자가 피트니스 센터에 자주 체크인하여 "Gym Rat" 배지를 따게 되면 SoBE Lifewater라는 음료를 제공하고 주로 아침에 일찍 체크인을 하는 사람이라면 아침형 인간으로 여기고 트로피카나 오렌지주스나 퀘이커의 오트밀과 같은 펩시코의 제품을 세이프웨이 매장에서 공짜로 받아갈 수 있는 쿠폰을 제공한다. 이는 단순 체크인 정보만을 이용하는 것이 아니라 개인의 생활패턴에 맞춘 리워드를 준다는 측면에서 상당히 진보한 발상이라고 할 만하다.

이 프로그램은 3개월 정도 남부 캘리포니아의 300개 Vons 매장에서 시행되는데, 이 실험을 통해 프로모션에 참여한 매장들의 재방문율이나 만족도, 인지도 등이 올라가는지를 측정하여 위치기반서비스가 유통업이 결합하여 고객에게는 더욱 유용하고, 프로모션에 참여한 업체에도 이익이 돌아오는지 알아볼 수 있는 좋은 테스트가 될 것으로 생각된다. 또한 소매 유통점이나 참여한 브랜드에 추가적으로 소비자 개인의 취향이나 정보를 보다 쉽게 파악할 수 있는 기회를 줄 수 있다. 이 프로그램은 과거 스타벅스나 Gap과 같이 매장이 있는 곳에만 적용할 수 있었던 위치기반서비스를 특정 소매 유통점을 통해 펩시코와 같은 제품 브랜드와도 연계시킬 수 있는 방법을 제공했다는 점에서도 매우 높이 평가할 수 있을 듯하다.

국내에서도 스마트폰 시대를 맞아 많은 위치기반서비스들이 준비되고 있는데, 포스퀘어와 펩시코 그리고 세이프웨이의 이번 협력은 이들 서비스를 널리 퍼뜨리고 실제 새로운 가치를 창출하

고자 고민하고 있는 많은 기획자들에게 재미있는 아이디어를 제
공할 것으로 보인다.

브랜드, 소셜 행위, 그리고 감성적 커넥션

브랜드는 감성적 커넥션을 만들어내는 효과가 있다. 소셜 웹에
서 우리의 구매 행위와 경험을 공유한다는 것은 달리 표현하면
제품과 경험, 그리고 종합적인 인상과 느낌 등을 제품이나 서비스
를 중심에 두고 모두를 엮어낸다는 것인데, 이런 커넥션은 결국
직간접적으로 관련된 사람들의 행동이나 의견에 영향을 미칠 수
밖에 없다. 이와 같은 무의식적인 변화는 정량화하기가 무척 어렵
지만, 소셜 소비자와 소셜 화폐가 과거 제품 자체의 브랜드가 가
지고 있었던 가치의 상당 부분을 공유하게 된다는 것은 쉽게 이
해할 수 있다. 역으로 생각하면 "어째서 소비자들은 유명 브랜드
를 그렇게 좋아할까?"라는 질문에 대한 답변으로 아마도 소비자
들이 이런 브랜드를 자신들이 생각하기에 대단히 매력적인 사람
을 느끼듯이 받아들이기 때문이라고 한다면 어떨까? 필자 개인적
으로는 전혀 어색한 느낌이 들지 않는다.

이와 관련한 심리학적, 인지과학적인 연구는 미네소타 대학의 연구팀이 많이 수행하였다. 가장 유명한 연구 중의 하나가 여성들이 유명 속옷 브랜드인 빅토리아 시크릿Victoria's Secret의 핑크 핸드백과 모양은 똑같지만 브랜드가 없는 핸드백을 들고 쇼핑 매장 등을 돌아다녔던 실험 연구이다. 같은 모양의 핸드백이지만 빅토리아 시크릿 백을 매고 다닌 여성들은 자신들이 훨씬 더 여성스럽고, 글래머러스하며, 아름답게 보였을 것이라 느꼈다고 한다.

그런 측면에서 브랜드를 일종의 사랑스러운 사람과도 같은 존재로 바라보고, 이들을 둘러싼 많은 사람들의 역할과 관계, 그리고 이들의 자발적인 협력과 호의를 어떻게 받아들이고 활용하며, 신뢰를 던져줄 것인가? 하는 문제는 기계적이고 수치적으로 접근 하기보다 훨씬 섬세하고 감성적으로 접근하는 것이 옳다고 본다. 몇 마디 카피 문구가 유행을 타고, 몇 차례 노출이 되고, 한 번 이슈가 되어 많은 사람들이 인지하게 되었다고 해결되던 시절은 이제 지나가고 있다. 보다 근본적인 생각의 변화가 필요한 시기이다.

고객에게 새로운 경험을 전달하는 매장들

과거의 전통적인 소매 유통 환경에서는 고객들이 매장에 찾아와야 적극적인 판매 행위가 시작될 수 있었다. 여기에 조금 적극적인 곳들은 전단지를 만들어 배포하거나 비싸지 않은 광고나 눈에 잘 띄는 물체 등을 이용해서 매장으로 유도하는 행동을 한다. 그런데 매장이 이동한다면 어떨까? 필요로 하는 고객에게 직접 찾아가는 것을 추구하는 새로운 형태의 매장이 늘어나고 있다.

버스를 햄버거 레스토랑으로 변신시킨다면

BLT 레스토랑 그룹이 맨해튼에서 시작한 고버거 트럭Go Burger Truck은 이미 존재하는 고버거 매장들의 프로모션을 위해 트럭을 매일같이 운영하면서 직접적인 매출도 올리고, 고버거 브랜드 자체에 대한 긍정적인 효과도 같이 누리고 있다. 고버거 트럭은 이동 중에 실시간으로 트위터를 통해 트럭의 이동경로나 현재 판매되는 상황 등을 알리면서 톡톡한 홍보 효과를 누리고 있다.

중국의 저가 가전 브랜드인 하이얼Haier도 이렇게 찾아가는 매장 개념을 구현하여 눈길을 끌고 있다. 거대 가전기기 유통 체인에 판매를 의존했던 것이 과거의 방식이라면, 트럭 내부를 마치 거실처럼 꾸며놓고서 여기저기 운행을 하면서 동시에 구매자의 집에 들러서 이런저런 제품들을 실제로 놓아주고 매칭도 하면서 판매하는 적극적인 영업을 시작하였다.

커피처럼 가볍게 이동이 가능한 아이템의 경우에는 아예 자전거로 구현한 케이스가 나오고 있다. 뉴욕 브루클린의 Kickstand라는 이동식 커피샵의 경우 두 명의 젊은 창업자들이 자전거를 끌고 다니면서 영업을 하고 있다.

세계 최초의 버스토랑BUStaurant이라는 기치를 내건 LA의 World Fare라는 레스토랑은 2층 버스에 투자해서 아예 버스에 레스토랑을 차린 경우이다. 1층에 주방이 위치하고, 동시에 주문을 받고 계산을 하면 2층에 올라가서 주변의 경치를 보면서 음식을 먹는 새로운 형태로 버스의 기동성과 외부 경치와 음식의 삼박자를 경험으로 제공하는 경우이다.

스마트폰, 태블릿이 바꾸는 매장의 모습

유통업에서의 고객에 대한 새로운 경험은 인터넷이 가능한 아이폰과 같은 스마트폰과 아이패드 등 태블릿 PC의 보급으로 매장 주인의 의지에 따라 소비자들이 훨씬 높은 수준의 서비스를 받을 수 있는 환경이 만들어지면서 더욱 다양화되고 있다. 특히 매장에서의 즐거운 경험은 매장 직원들과 소비자들의 개인적인 관계를 높여줄 수 있으며, 이런 쇼핑 경험은 매장을 다시 찾게 만드는 중요한 동기로 작동할 수 있다는 측면에서 적극적으로 활용할 것을 권하고 싶다.

소비자들이 스마트폰이나 태블릿 PC를 가지고 다니고, 이를 매장에서 활용하도록 하는 것도 좋지만, 매장 직원들의 활발한 이용은 매장을 쿨한 장소로 인식시킬 수 있다. 좀 더 적극적으로 사용한다면, 태블릿 PC나 스마트폰을 가지고 매장 직원들이 손님들에게 다가가서 결제도 하고, 카운터의 역할을 최소화시킬 수도 있을 것이다. 또한 태블릿 PC는 손님에게 여러 가지 옵션이나 정보를 알려주는 것으로 활용할 수도 있는데, 이런 활동은 손님들에게 개인적으로 서비스를 받는다는 느낌을 줌으로써 온라인에서의 구매보다 매장에서의 구매를 유도하는 것에도 긍정적인 영향을 줄 것이다.

인터컨티넨탈 호텔은 2010년 4월 3일, 업계 최초로 아이패드를 활용한 콘시어지concierge 서비스를 시작했다. 뉴욕 바클레이New York Barclay, 애틀랜타, 런던, 홍콩 등에 먼저 적용되기 시작한 이 서비스는 호텔을 이용하는 고객들에게 다양한 지도와 방향, 좋은 레스트랑을 안내하거나 다양한 서비스에 대한 안내를 고객과 함께 보며 같이 찾아보는 경험을 선사하면서 좋은 반응을 얻고 있다.

네덜란드 비아넨Vianen에 있는 가전제품 매장인 미엘레Miele의 경우, 손님들이 들어오면 매장 제품에 대한 정보가 모두 담겨 있고 자신이 알아서 둘러볼 수 있는 앱이 깔린 아이팟 터치를 나누어준다. 그리고 나가면서 이를 반납할 때까지 고객은 아이팟 터치를 활용해서 다양한 경험을 하게 되는데, 매장 제품들과 상호작용을 통해 다양하게 상품 정보를 볼 수 있다. 미엘레의 이 매장은 '인스피리언스 센터Inspirience Center'라는 이름으로 불리는데 고객들이 물건을 구매하는 것과 관계없이 가보고 싶어 하는 매장으로 자리 잡고 있다.

<동영상 QR 코드 31> 새로운 고객 경험을 선사하는 미엘레 인스피리언스 센터

일본 교토의 하얏트 리젠시 호텔은 벚꽃 시즌에 호텔 숙박객들에게 도시를 더 쉽게 돌아다닐 수 있도록 아이폰을 빌려주는 서비스를 실행하여 좋은 반응을 얻었다. 아이폰에는 도시에서 현재 어떤 이벤트들이 벌어지고 있으며, 어느 위치에 무엇이 있는지 쉽게 찾아볼 수 있도록 하였고, 각각의 이벤트나 장소의 문화적인 배경이나 지도 등이 같이 표시되어 쉽게 관광을 할 수 있도록 하였다. 차량을 판매하는 매장에서도 아이패드를 활용하는 사례가 나오고 있다. 메르세데스-벤츠에서는 미국 내의 40개 딜러 매장에 2010년 6월부터 아이패드를 지급하고, 여러 자동차 모델에

대해서 쉽게 접근해서 고객들과 상담을 할 수 있도록 하고 있으며, 즉석에서 신용을 체크하거나 맞춤형 서비스를 제공하는 앱이 설치되어 활용되고 있다.

매장을 들르고 싶은 곳으로 만들라

많은 투자를 필요로 할 수도 있지만, 기획만 잘한다면 가능한 범위 내에서도 많은 효과를 거둘 수 있는 것이 어떻게 매장 자체를 주변 지역에서 가장 들르고 싶은 곳으로 만들까? 하는 부분이다. 건축이나 인테리어 등에도 많은 신경을 써야 한다면 투자가 많이 필요할 수도 있다. 그렇지만 규모의 경제를 하는 소매 유통점이라면 해볼 만한 전략이고, 이미 애플이 애플 스토어를 통해 대성공을 거두고 있다. 이를 벤치마킹하여 소니 스타일Sony Style이나 삼성 디지털Samsung Digitall 등의 매장이 나오기도 하였고, 최근 SKT에서도 T월드 멀티미디어라는 체험형 매장을 명동에 개장하였다. KT 역시 올레스퀘어를 광화문에 열면서 체험할 수 있는 랜드마크 매장을 열었다. 이런 트렌드는 국내에서도 확산되는 분위기이다.

이런 매장에서 조금 더 나아가, 스토리와 테마가 있고 즐거움이 있는 곳이면서 제품에 대한 데모도 하고, 더 나아가서는 교육적인 부분이나 새로운 발견의 경험을 줄 수 있는 매장이라면 금상첨화일 것이다. 매장을 들르는 손님들에게 반드시 물건을 사야 된다는 부담을 주기보다는, 언제든 마음 편하게 들를 수 있게 만들면, 이들은 결국 온라인에서 쇼핑을 하기보다는 매장을 통해 사회적 관계를 맺고 이곳에서 구매를 하게 될 가능성이 높다. 고객들이 비단 구매를 위해서가 아니라 다른 이유로도 매장에 들어오게 만들고, 브랜드를 비롯하여 제품과 얽힌 이야기를 들려주고, 무엇인가 재미있는 경험이 있을 것이라는 기대를 갖게 해준다면 그 매장은 성공할 가능성이 높다. 더 나아가 자신이 구매한 제품 또는 그와 관련한 교육과 구매 후 경험을 나누고 서비스까지 이어진다면 더욱 좋을 것이다.

이런 전략을 가장 잘 실천한 곳으로는 단연 애플 스토어를 꼽을 수 있다. 애플 브랜드와 관련한 전체적인 경험을 느낄 수 있도록 인테리어와 외관 구성을 하였고, 고객들이 다양한 애플 기기들을 직접 시험하고 사용할 수 있으며, 지니어스바의 직원들과 즐겁게 사용방법을 익히고 직접적인 경험을 하면서 브랜드에 대한 충성도를 높여갈 수 있다. 또한 커뮤니티 모임이나 교육을 지원하기 위해 씨어터존theater zone에서 발표회나 워크샵 등을 주최하기도 하는데, 여기에는 애플의 제품뿐만 아니라 혁신과 영감을 주는 많은 강연들이 이루어진다는 점에서 정말 "멋진 곳"이라는 이미지를 부여하는 여러 요소들을 가지고 있다.

또 하나의 모범적인 사례는 전통적인 슈퍼마켓의 이미지를 바꾸어놓은 뉴잉글랜드 주의 스튜 레너드Stew Leonard라는 청과물 체인이다. 이곳에서는 쇼핑을 위한 경험을 증진시키기 위해 매장의 일부 지역을 테마에 맞추어 지속적으로 변경해서 바베큐 파티를 하거나 생일파티를 열기도 하며, 동물을 테마로 한 농장 형태의 놀이시설이 있어서 아이들이 재미있게 놀 수 있도록 하였고, 스크린을 통해 유제품이나 육류 등을 기르는 농장의 상태나 지역 등을 보여주며, 다양한 시식 코너를 통해 부담없이 들르고 싶은 슈퍼마켓의 이미지를 만들어냈다는 평가를 받고 있다. 또한 즉석에서 커피를 볶거나 밀가루를 빻는 과정을 직접 볼 수 있도록 체험형 제조 과정을 개방하여 신뢰도를 높이고 있다.

〈모노클Monocle〉이라는 잡지는 또 다른 접근 방법으로 차별화를 하는 경우이다. 잡지는 인쇄물이라는 편견을 깨고, 4군데 소매점을 열어서 잡지의 분위기와 맞는 적절한 제품을 판매하는 전략을 펼치고 있다. 잡지와 잘 어울리는 실제 제품들과, 경우에 따라서 광고를 하는 업체들의 스페셜 제품을 이 잡지의 소매점에서 만날 수 있도록 함으로써 광고주도 만족시키고, 잡지의 정체성과 문화도 알 수 있는 다차원적인 경험을 선사하고 있다.

창조적인 상상력이 이끌어낼
새로운 소매 유통산업의 미래

앞으로는 모바일과 위치정보서비스, 그리고 실제적인 상점에서의 다양한 경험과 소셜 네트워킹 요소를 적절하게 결합시킨 크로스-플랫폼 경험들이 많이 디자인되고 실제로 실행될 수 있을 것이다. 과거와 차이점이 있다면 모바일과 소셜에서는 오프라인의 강점이 있다는 점이다. 물리적인 매장과 실제 경험 및 소셜 유통을 활용한다면 얼마든지 동네와 중소 소매 유통매장에도 기회가 있을 수 있다. 무기력하게 물러앉아 있기보다는 어떻게 즐거운 경험을 선사하고, 지역 고객들과 호흡할 수 있는지 고민해보고, 이를 실천하는 멋진 지역의 소매 유통매장들이 많이 나오기를 기대해본다.

크라우드소싱, 마케팅과 서비스를 바꾼다

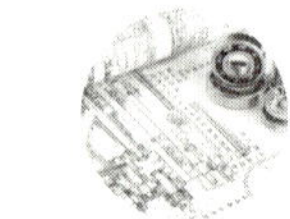

"크라우드소싱 Crowdsourcing "이라는 용어는 Wired.com의 제프 하우가 처음 쓰고, 파이낸셜 매거진에서 인용되면서 최근 가장 많이 쓰이고 있는 단어 중의 하나이다. 위키피디아를 비롯하여 인터넷을 통해 아이디어를 얻거나 정보를 모으는 경우에 많이 활용되었는데, 이제는 훨씬 다양한 영역에 적용되기 시작했다. 마케팅과 유통, 서비스 분야에서도 예외는 아니어서 최근 크라우드소싱의 원리를 적용한 재미있는 사례들이 하나 둘 보이기 시작한다. 특히 파파존스 피자와 DHL과 같은 세계적인 사업체들이 이런 아이디어를 실제로 적용하기 시작했다는 점은 많은 시사점들을 우리에게 암시하고 있다.

DHL의 혁신적인 크라우드소싱 물류 실험

개인적으로 소셜 웹과 크라우드소싱, 모바일을 활용한 물류 시스템에 대해 공상을 한 적이 있었는데, 역시 생각한 것은 이루어지는 세상인 것 같다. 세계 최대의 물류업체 중 하나인 DHL이 도시의 시민들이 물류를 크라우드소싱 방식으로 직접 배달하는 새로운 방식의 서비스를 테스트하기 위해 준비하고 있다. 이 개념은 독일의 HPI 디자인씽킹 대학에서 만들어진 것으로, bring.BUDDY라는 이름의 프로젝트로 구현되었다.

이 서비스에서는 DHL에서 물류를 이용하기 위해 자체적인 네트워크를 이용하는 것이 아니라, 스마트폰 앱을 이용해서 시민들이 직접 물건을 배송한다. 누구나 자신이 이동하는 루트에 배달해야 하는 패키지가 있는지 알아본 뒤에, 각 지역마다 설치되어 있는 DHL 물류보관 자동화기기에서 배달할 물건을 수령할 수 있다. 계획된 배달을 하고 나면 포인트를 받는 방식으로 적립을 했다가 나중에 매장에서 돈으로 돌려받거나, 여행 비용 등으로 사용할 수 있다. 재미있는 것은 스마트폰끼리 블루투스나 Wi-Fi 등으로 릴레이하는 방식의 전달도 가능하다는 것이다. 이렇게 되면 여러 명의 전달자들을 거쳐서 물건이 전달될 수도 있다.

아래 QR 코드로 링크한 영상을 보면 그 개념을 보다 명확하게 이해할 수 있다. 크라우드소싱과 소셜 웹, 모바일 인프라가 가지고 올 변화는 이와 같이 제조업, 유통업, 서비스업을 포함한 다양한 전통산업의 혁신으로 이어질 여력이 충분하다. 올해부터 스마트폰에 RFID 리더가 장착되고, 배달되는 물품에 RFID 칩이 장착된다면 이런 서비스 모델은 훨씬 쉽게 구현될 수 있을 것이다. 국내에서도 새로운 유통 · 택배 서비스 혁신을 기대할 수도 있지 않을까?

<동영상 QR 코드 32> DHL의 새로운 크라우드소싱 물류 서비스 bring.BUDDY

파파존스의 크라우드소싱 피자 마케팅

미국의 유명한 피자 프랜차이즈인 파파존스 피자_{Papa John's Pizza}에서는 소비자들이 새로운 피자를 만들 수 있는 레시피를 제출하면, 그중에서 3개를 골라 실제 메뉴에 올리고 한 달간 이들을 실제로 판매하면서 자신들이 주로 소셜 미디어와 PR을 통해 세일즈와 마케팅을 하는 크라우드소싱 프로젝트를 진행하였다. 여기에서 제일 많은 양의 피자를 판 사람에게는 1만 달러를 지급하고, 매년 480달러치의 공짜 피자를 50년간 먹을 수 있도록 하였다.

이 프로젝트는 페이스북을 통해 2010년 4월 프로모션을 시작하면서, 역시 페이스북을 통해 레시피를 제출하도록 하였는데, 1만 2천 명이 지원했고 그중에서 피자의 맛과 창의성, 그리고 설명(테마)을 얼마나 잘했는지에 초점을 맞추어 10명의 준결승 진출자를 뽑았다. 그중에서 또다시 푸드네트워크의 스타인 테드 앨런Ted Allen, NFL 네트워크의 리치 아이센Rich Eisen, 유명 블로거인 아담 쿠밴Adam Kuban 등이 심사를 해서 3명의 결선 진출자가 결정되었다. 이들은 파파존스의 본사가 있는 루이스빌에 와서 회사의 중역들에게 자신의 피자에 대해 소개하고, 본격적인 경쟁에 들어갔다.

결선 진출자들에게는 각각 1천 달러의 프로모션 비용이 지불되었고, 7월부터 프로모션에 들어가서 실제 판매는 8월부터 진행이 되었는데, 첫 번째 결선 진출자인 29세의 블레어 다이

얼Blair Dial은 시카고 출신의 금발의 마케팅 전문가로 "The Big Bonanza"라는 베이컨과 바베큐 소스를 듬뿍 넣은 피자를 선보였고, 22세의 조지아 출신의 켄드라 챕맨Kendra Chapman이라는 아가씨는 "Workin' Fire"라는 매운 맛이 나는 고기와 후추를 곁들인 피자를 내놓았다. 마지막으로 로스엔젤레스 출신의 바바라 하이먼Barbara Hyman은 51세의 여성으로 자신이 마지막 승자가 된다면 1천 달러를 걸프만의 동물들을 위해 비영리단체에 기부하겠다고 선언하였는데, 그녀는 "Cheesy Chicken Cordon Bleu"라는 주로 치킨과 햄을 이용한 치즈 피자를 만들었다.

블레어 다이얼은 바베큐 피자라는 제품 자체에 초점을 맞추어 프로모션을 진행했는데, 미국 양돈협회와 제휴를 맺는 등 마케팅 프로다운 솜씨를 선보였고, 매운 피자를 내놓은 켄드라 챕맨은 자원 소방관으로서의 경력을 포함한 인물에 초점을 맞춘 캠페인을, 바바라 하이먼은 자선사업에 초점을 맞춘 캠페인을 진행하였다. 이들은 각각 페이스북 페이지를 만들고, 피자 페이지의 "Like" 투표를 통한 경쟁에 돌입하였다. 과연 결과는 어떻게 되었을까?

소셜 미디어에서는 바베큐 피자가 가장 좋은 반응을 얻었다고 한다. 다이얼은 그녀의 피자 페이스북 페이지를 하루에 1~3차례 업데이트하고 꾸준히 포스팅도 하였을 뿐만 아니라, 게임이나 컨테스트와 재미있는 이야기를 곁들이면서 활발한 활동을 하였다. 8월 12일이 되자 그녀의 사이트는 이미 1천 개의 “좋아요(Like)” 버튼 클릭을 유도하였고, 다른 2명의 경쟁자들은 500개 정도에 불과하였다. 결국 그녀는 8월 말까지 1351개의 “좋아요(Like)” 를 받아서 1등을 기록하였다. 그 뒤를 이어 매운 피자의 챕맨은 그녀 자신의 멋진 사진들을 이틀에 한 번 꼴로 공개하면서 “좋아요(Like)”를 유도하였는데, 그녀는 1005개를 받아서 2등을 기록하였다. 그들에 비해 소셜 미디어 기술이 떨어졌던 하이먼은 페이스북을 단지 백업 커뮤니케이션 도구로 이용하면서 단지 3번의 포스팅만 하였는데, 자신이 활동하는 자선단체의 이름에 있는 “Gulf Coast Animals”를 타이틀에 걸면서 사람들의 호응을 유도하여 928개의 “좋아요(Like)”를 받았다. 그런데 과연 승자는 누구였을까? 놀랍게도 가장 적은 “좋아요(Like)”를 받은 하이먼이었다. 그녀의 피자는 처음부터 다른 경쟁자들의 피자보다 잘 팔렸고, 전체의 45%를 차지하면서 결국 끝까지 1등을 고수하였다. 그녀의 피자는 파파존스에서 가장 잘 팔리는 메뉴 중 하나인 스피니치 알프레도 피자와 비견될 정도의 판매 실적을 기록하였다고 한다.

그녀의 피자가 더 인기가 있었던 원인은 여러 가지가 있겠지만, 코돈블루라는 이름이 상당히 익숙해서 쉽게 접근할 수 있었고, 또한 BP 기름유출 사고로 미국 전체가 걸프만의 동물에 관심을 가지고 있었는데, 이때 그녀가 상금을 타면 이런 동물들을 위해 기부를 하겠다고 선언한 것도 사람들의 마음을 움직였을 것으로 보고 있다. 이런 캠페인의 결과는 소셜 미디어를 활용하는 사람들에게도 많은 시사점을 안겨준다고 하겠다. 페이스북 팬의 수나 트위터 팔로어 수에 집착하기보다는 입체적인 활동을 통한 마케팅이 도움이 된다는 것을 간과하면 안 된다는 것이다. 하이먼은 소셜 미디어 말고도 협력을 끌어내는 것에 집중을 하였는데, 특히 남부 캘리포니아 베스트바이 매장과 파파존스 프랜차이즈를 돌아다니면서, 이들이 그녀가 이긴다면 합쳐서 추가로 3천 달러를 기부하겠다는 약속도 받아내는 등 적극적인 활동을 통해 구매를 결정하는 사람들의 마음을 움직이는 데 성공하였다. 그리고 그녀는 1등을 한 이후에도 자신이 수상한 것은 상금을 기부하겠다고 했기 때문이 아니라, 사람들이 걸프만의 야생동물을 도우려는 마음이 있었고, 이를 자신이 이야기했기 때문이라고 밝히면서, 사람들이 가지고 있는 마음의 힘을 믿으라는 취지의 소감을 밝혔다.

어쨌든 파파존스의 신선한 크라우드소싱 마케팅은 적은 비용으로도 큰 이슈를 일으키며 매우 성공적인 사례로 남았다고 할 수 있다. 페이스북이 물론 이들의 성공에 도움을 준 것이 사실이지만, 결국 중요한 것은 "어떻게 사람들의 마음을 움직이는가?"라는 것을 잊어서는 안 될 것이다.

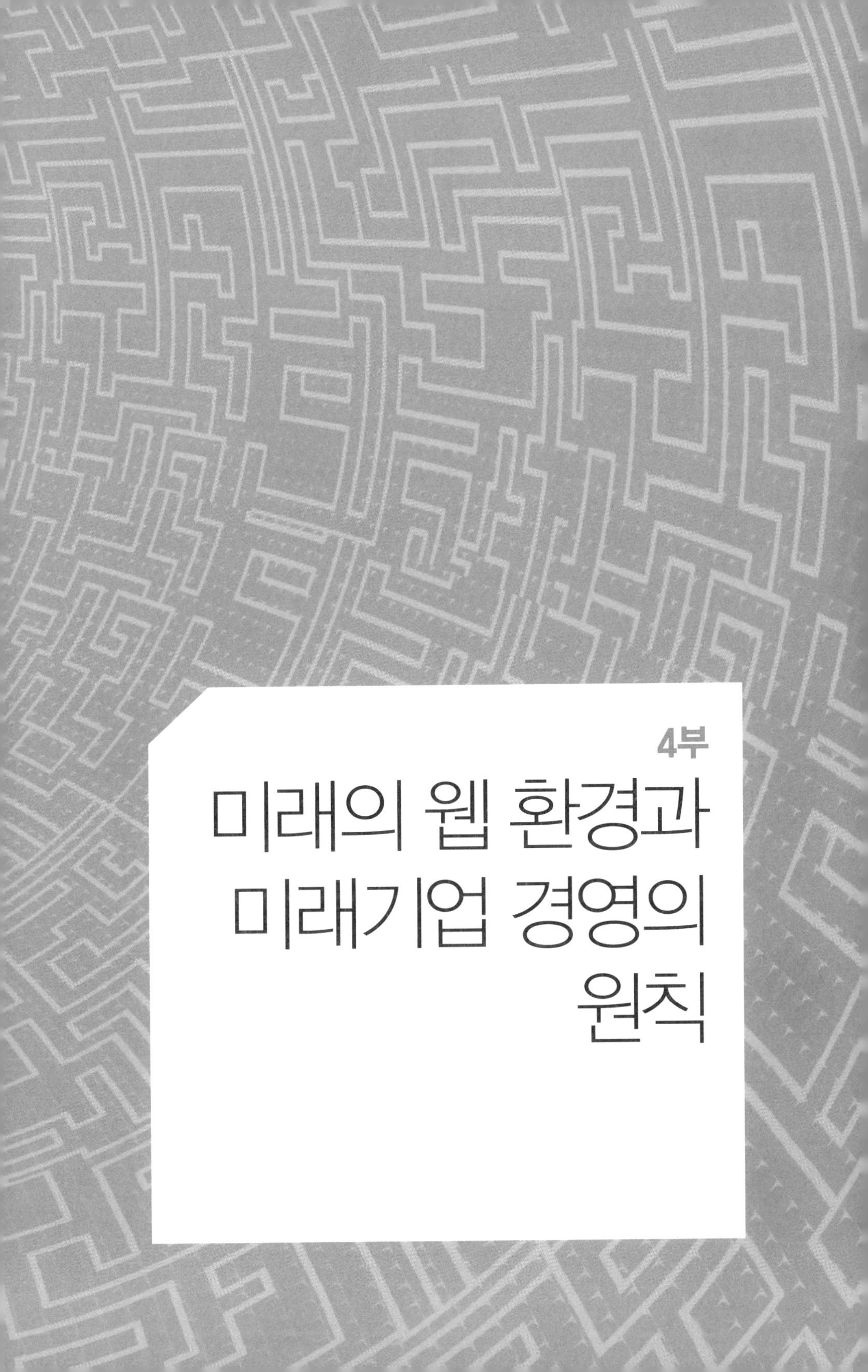

4부

미래의 웹 환경과
미래기업 경영의
원칙

모바일과 소셜 웹에 이어 다음의 혁신적인 변화는 어떤 방향으로 흘러가게 될까? 웹 기술의 변화와 이에 따른 새로운 문화의 등장 및 사회의 발전은 결국 미래의 기업경영에도 영향을 미치게 될 것이다.

4부에서는 근미래에 변하게 될 새로운 웹 환경과 새로운 변화의 함의, 그리고 이에 대처하는 개인과 기업에 도움이 될 수 있는 여러 가지 이야기를 통해 새로운 미래를 자신 있게 준비할 수 있는 단초를 제공하고자 한다. 특히 앞으로는 새로운 철학에 기반을 둔 기업경영 원칙과 개방형 리더십, 창의적이고 창조적인 혁신을 위한 디자인 씽킹 등의 패러다임, 돈보다는 행복을 추구하는 사회를 목표로 나아갈 때 우리에게 더욱 밝은 미래가 다가오지 않을까?

인터넷과 현실이 만나는 물리적 웹, 라이프 웹의 시대

모바일과 소셜 웹을 중심으로 발전한 인터넷의 다음 물결은 무엇인가? 아마도 네트워크에 올라가 있는 정보 중심의 웹이 실제로 우리 생활에 다가와서 물리적인 물체나 공간, 그리고 우리의 생활을 중심으로 하는 새로운 웹의 시대가 눈앞에 온 것이 아닌가 생각해본다. 트루벤처스http://www.truventures.com의 존 캘러건Jon Callaghan은 이런 새로운 웹의 시대를 일컫는 용어로 물리적 웹physical web이라는 단어를 이용하였고, 일부 인터넷 전문가들은 라이프 웹life web이라는 용어를 이용하자는 이야기를 하기도 한다.

물리적 웹이란 실제 현실세계에서 느끼고 실체화된 것들의 웹이라는 의미이고, 라이프 웹은 그보다는 우리 생활에 밀접하게 연관되어 있는 웹이라는 의미에 좀 더 방점이 찍혀 있다고 보면 되겠다. 실제로 포스퀘어나 옐프yelp 등의 위치기반서비스의 경우 모두 우리의 물리적 생활의 순간을 가상의 웹에 연결해서 엮어내는 것이라고 볼 수 있다. 이 서비스들은 우리의 위치를 소셜 그래프와 연결하면서 웹 기반으로 트래킹을 하거나 분석을 할 수 있도록 하는데, 결국 어느 시간에 어느 위치라는 실제 상상 가능한 물리적인 인스턴스instance를 웹의 형태로 엮은 것이다. 이를 통해 인터넷과 웹이 가지고 있는 순간적인 경험을 영속성이 훨씬 강하고 자원의 희소성을 가지고 있는 실세계의 물체 또는 활동에 연결한다.

예를 들어 생각해보자. 어떤 레스토랑에 체크인을 하고 어쩌면 쿠폰을 하나 받을 수 있을지도 모른다. 그다음에는 레스토랑에서 맛있는 음식을 먹는다. 또는 근처의 맛있는 레스토랑을 찾아보고 리뷰를 읽어본 뒤에 괜찮은 곳을 골라서 이동을 한다. 자신의 경험을 간단히 올리기도 하고, 일주일이 지난 뒤에 이런 전체적인 활동을 리뷰할 수도 있다. 이는 어찌 보면 소중한 제품이나 서비스 경험의 기록들이다. 이들이 소셜 네트워크나 크라우드소싱의 힘을 빌려서 강화되면 자신을 비롯하여 많은 사람들이 생각하고 행동하는 방향성을 바꿀 수 있다.

스마트폰 혁명과 물리적 웹, 라이프 웹

스마트폰이 일으키는 가장 커다란 혁명이 어쩌면 바로 이와 같은 물리적 웹과 라이프 웹을 가능하게 만들고 있다는 것이다. 위치 센서를 활용한 위치의 웹이 하나의 예라면, 앞으로 우리 눈앞에 보이는 사진과 영상들, 머지않아 활용하게 될 RFID 칩이나 물리적으로 존재하는 QR 코드 등이 모두 물리적 웹을 구성하는 중요한 노드의 역할을 하게 될 것이다. 그리고 이들을 관리하고 연결하는 앱들과 이 앱들의 웹이 새로운 물리적 웹의 인프라를 구성하게 되면서, 새로운 인터넷의 시대인 물체의 인터넷Internet of Things을 실체화하는 역할을 하지 않을까 한다.

라이프 웹의 대상이 되는 것은 객체Object와 활동Activity으로 나눌 수 있을 것으로 보는데, 객체에 해당하는 것은 우리가 무엇What?에 해당하는 질문에 답을 할 수 있는 것이 될 것이고, 활동에 해당하는 것은 어떻게How?에 대한 답을 하는 것이 된다. 달리 말하면 활동은 동사, 객체는 명사가 되면서 이들의 조합이 하나의 물리적 웹의 단위가 된다. 예를 들어 동사 검색하다search와 명사 위치location을 조합하면 "위치를 검색하다"가 하나의 단위가 되는 것이다. 이와 유사한 접근 방법으로 웹에서의 스트림을 정의하기 위한 활동으로 액티비티 스트림Activity Stream이라는 표준이 정의되고 있는데, 이것이 물리적 웹과 라이프 웹의 가장 중요한 프로토콜이 될 것이다.

소셜 웹 서비스와 RFID, 위치기반서비스가 결합된 스키장

물리적 웹, 라이프 웹은 그리 먼 이야기가 아니다. 이미 이런 개념을 적용하는 사례가 등장하고 있다. 미국 콜로라도에 위치한 베일 리조트Vail Resorts에서는 새로운 위치기반 소셜 미디어 서비스인 EpicMix라는 서비스를 시작했다. 이 서비스는 일단 슬로프에서 페이스북의 위치기반서비스인 Places를 이용해서 체크인을 하고, 내려오면서 존재하는 여러 핀pin들을 획득해 보너스도 받고, 다양한 스키 관련 기술을 익힐 수 있으며, 자신이 내려온 길을 친구들이나 가족들에게 보여줄 수도 있다. 이렇게 내려온 루트를 바탕으로 실제 어느 정도의 거리를 내려왔는지도 계산해볼 수 있다.

단순히 대도시의 레스토랑 같은 곳에서 이용하는 위치기반서비스의 한계를 넘어서, 스키 리조트에 최적화된 새로운 위치기반 소셜 웹 서비스를 구현한 것이다.

여기에 리프트 패스에는 RFID 칩이 달려 있어서, 스키를 타는 사람들이 별도의 스마트폰을 가지고 다니지 않아도 간단히 자동으로 체크인을 할 수 있으며, 아이폰이나 안드로이드 폰 등을 지원하는 EpicMix 모바일 앱을 다운로드해서 언제든지 정보에 접근할 수 있다. 앱의 기능은 여기에 더해 날씨예보나 인근 교통정보, 산봉우리와 리조트 자체에 대한 정보 등이 제공되기 때문에 리조트에서의 휴가를 알차게 보내는 데 큰 도움이 된다. 서비스는 무료로 제공되며, RFID 칩의 인식 기능은 원하면 언제든지 끌 수 있다.

베일 리조트에서 조사한 바에 따르면, 전체 내장객의 70% 정도가 페이스북 계정을 가지고 있고, 이런 서비스를 이용하는 데 거부감이 없다고 한다. 또한 다양한 게임 요소를 도입해서 스키어들의 도전정신을 자극하고 있는데, 예를 들어 하루에 2개의 산봉우리를 방문하거나 한 시즌에 5개를 방문하면 "Pow

Hound”라는 핀을 받을 수 있으며, 밤에 스키를 많이 타는 사람
은 “Nightrider”라는 트로피를 받는다. 페이스북을 통한 리더보
드가 공개되어 친구들과의 경쟁심을 자극할 수도 있으며, 유명한
연예인이나 스키어들이 방문하면 이들을 위한 특별한 핀들을 준
비해서 제공한다고 한다.

병원에서의 QR 코드와 RFID의 활용가능성

RFID 기술은 미래 정보환경의 필수적인 인프라를 만들어낼
가능성을 인정받고 그동안 우리나라에서도 다양한 영역에서 연
구가 진행된 기술이다. 그러나 생각보다는 빨리 보급이 되지 않으
면서 실망한 사람들도 많지만, 아마도 올해부터 스마트폰에 RFID
리더 기술이 접목되기 시작된다면 또다시 집중부각될 수 있는 기
술이기도 하다. 무엇보다 저렴하게 현실계의 물체들이 인터넷과

소통할 수 있는 통로의 역할을 하게 되므로 현재는 불가능한 다양한 시나리오가 앞으로 가능하게 될 것이다.

필자는 병원의 IT 융합연구소에서 일하고 있는 관계로 RFID의 병원 내에서의 활용에 대한 대단히 관심이 많다. 앞으로 스마트 병원이나 병원 2.0 프로젝트를 진행할 때에도 RFID의 역할이 점점 커지게 될 것이다. RFID 중에서 비교적 멀리까지 인식이 가능한 태그의 경우 과거에는 가격이 비쌌는데, 이제는 15m 거리에서 인식이 가능한 태그가 수백만 단위를 기준으로 할 경우 개당 100원 이하의 가격으로 구입이 가능해졌기 때문에 경제성이 확보되기 시작하였다.

가장 손쉽게 생각할 수 있는 활용 방법은 병원의 값비싼 물품들과 분실되거나 비효율적으로 관리되기 쉬운 여러 물품들에 붙여서 어떻게 이들이 움직이고 있으며, 사라지거나 유통기한이 넘는 것은 없는지 등에 대해서 알아보는 것이다. 예를 들어 수술실에서 발생할 수 있는 다양한 분실사건을 막을 수 있고, 수술용 트레이나 장비들의 경우 현재의 위치와 흐름도 파악이 가능하다. 또한 환자들의 팔찌 등을 이용해서 환자 확인과 이들의 이동경로에 대한 관리도 가능하며, 더 나아가서는 감염 관리나 재고 관리 등에 활용하는 경우도 있을 수 있다.

조금 더 나아간다면 이런 응용도 가능할 수 있다. 병원에서 환자에게 카드를 발급하거나, 환자의 휴대폰이나 휴대용 물품에 RFID를 부착시켜주고, 이후에 병원에 오게 되면 무인기기를 통해서 간단히 입원 절차를 진행하거나, 약 처방전을 출력하는 등 매우 편리한 서비스를 만들어볼 수도 있다. 실제로 그린빌 대학 메디컬 센터The Greenville Hospital System University Medical Center에서는 RFID 시스템을 활용한 물품 관리를 시행하면서 많은 수술장비와 소모품들의 효율적으로 관리되기 시작하였고, 앞으로 병원 내의 모든 이동형 의료 장비에 적용해서 관리할 예정이라고 한다.

RFID는 환자들의 경험을 향상시키는 데에도 활용될 수 있다. 의사를 만나러 가는 진료실이나 병원의 환경은 막연히 사람들에게 '기분 나쁜 경험'을 선사하는 것으로 이미 각인되어 있다. 특히 오랫동안 대기실에서 기다리면서 짧은 진료를 받는 것이나, 입원을 한 뒤에도 무미건조한 기계들과 통증 속에 실험실 동물처럼 이리저리 왔다 갔다 하는 경험이 그리 유쾌하지는 않을 것이다.

병원이라는 공간은 알게 모르게 가장 중요한 환자들에 대한 배려
가 거의 되어 있지 않았던 것이다.

그런데 만약 어떤 병원에서 환자들을 위해 편안한 환경과 재
미있는 경험을 선사한다면 어떻게 느낄까? 물론 뛰어난 의료진
과 첨단 의료시설이 중요하다고 하지만 앞으로는 이런 멋진 경험
의 가치가 무시할 수 없을 만큼 중요한 요소가 될 것이다. 이런 시
도를 최근 시작한 곳이 LA 인근 할리우드 스튜디오가 많은 도시
인 버뱅크의 디즈니 가족 암센터The Roy and Patricia Disney Family Cancer
Center이다.

디즈니 암센터에서는 환자에게 RFID 배지를 제공하고, 이를
인식해서 환자가 가장 좋아하는 온도와 조명, 그리고 음악 등을
맞춤형으로 감지해서 치료나 진단을 받는 동안 보여주고 들려준
다. 처음에 환자가 입원할 때에 질병에 대한 딱딱한 정보뿐만 아
니라 마음을 편안하게 하고, 자신이 좋아하는 색상과 온도, 음악
등에 대해서 미리 입력을 해둔 것을 RFID 배지에서 읽어온 뒤에
연결하는 것이다. 이런 작은 경험 하나는 환자들이 병원을 신뢰하
고, 병원의 시스템이 나를 위해 무엇인가 맞추어준다는 느낌을 주

게 되고, 커다란 만족도를 선사할 수 있다.

RFID 배지를 착용한 환자가 도착하면, 의사의 휴대폰으로 환자의 이름이 전송되며 환자는 거의 대기시간 없이 진료를 받을 수 있고, 그의 전자 의무기록 역시 의사들이 간단히 열람할 수 있으며, 입원 중에도 굳이 입원실에 있지 않고 산책을 하거나 인근에 나가더라도 의료진들이 환자의 동태를 파악할 수 있어서 이들이 돌아온 뒤에 직접 만나러 갈 수 있다. 과거에는 환자들이 꼼짝 못하고 의사들을 만나기 위해 기다려야 하는 상황이었다면, 이제는 의사들이 환자들이 어디에 있는지 알고 적당한 시간에 만나러 가는 방식으로 전환함으로써 특별한 대우를 받고 있는 느낌을 가질 수 있는 것이다.

필립스에서는 암환자들이 방사선 치료를 받는 동안 방이 조명과 소리, 음악과 심지어 하얀 벽면을 스크린 삼아 자신들이 좋아하는 비디오를 틀어서 편안하면서도 고객맞춤형 환경을 지원하는 솔루션을 선보였다. 이런 변화의 움직임이 앞으로 환자들에게 어떻게 받아들여지고, 또한 암 치료 성적에 있어서 눈에 띄는 변화를 끌어낼 수 있을지는 더 지켜봐야 하겠지만, 고객 중심의 철학 자체는 높이 평가해야 할 듯하다.

또한 필자가 일하고 있는 관동의대 명지병원의 경우 최근 대부분의 검사실에 QR 코드를 부착하는 작업을 진행해서 133개에 이르는 진료실과 검사실에 QR 코드를 부착하였다. 환자들이나 환자 보호자들이 검사를 기다리는 동안 QR 코드를 찍어보면 해당 검사실에서 어떤 검사가 이루어지고, 어떤 기기들이 있으며 어떤 질병에 관계된 것인지 금방 조회가 가능하다. 또한 더 나아가서는 의사들에 대한 정보나 환자의 의무기록에 대한 정보도 QR 코드로 조회가 가능하도록 확대해 나갈 방침이다.

이와 같이 위치 정보, QR 코드, RFID, 증강현실과 소셜 웹 인프라는 스마트폰의 보급과 함께 점차 누구나 이용되는 서비스가 되면서, 이를 활용한 사례는 점점 늘어날 것으로 보인다. 이런 기술들을 중심으로 하는 물리적 웹과 라이프 웹의 적용 범위는 인터넷 세상이 아닌 바로 우리 현실세계이다. 그런 측면에서 앞으로 서비스업과 제조업을 포함한 전통산업의 경험을 어떻게 증진하고 새로운 부가가치를 창출할 수 있을 것인지에 대하여 좀 더 진지하게 고민할 필요가 있다.

차세대 인터넷의 키워드:
실시간과 개인화,
사용자 인터페이스

웹 2.0이라는 용어가 확실히 널리 쓰이게 된 것은 2006년에 있었던 웹 2.0 컨퍼런스에서, 현재도 웹과 관련된 각종 기술의 정의에 가장 큰 영향력을 행사하는 팀 오라일리Tim O'Reilly가 간단한 정의를 내린 다음부터라고 할 수 있다. 당시 웹 2.0은 플랫폼으로서 집단 지성과 참여, 공유라는 의미에서 기존의 웹 1.0과는 다른 특징들을 전면에 내세우는 정의가 일반화되었다.

웹 2.0이 분산·참여·공유로 대별되며, 기존의 커다란 섬으로 상징되던 포털 중심의 인터넷 세상에서 작은 섬들의 집단과 이들 간의 다리를 건설하는 형태의 인터넷으로 바뀌어가도록 하는 기술이었다면, 다음 세대의 웹과 인터넷에서는 너무 많아진 정보의

양 때문에 보다 개인화되고 최적화할 수 있는 기술과 기기가 다
변화하면서 실시간성을 가지고 모바일이 부각되며, 새로운 사용
자 인터페이스가 중요한 키워드가 될 것이다.

실시간 유통의 위력, 트위터의 대박

웹이라는 것은 결국 웹페이지들이 서로 링크되어 있는 것을 말
한다. 영어로 'Web'이 거미줄을 의미하듯이, 다양한 링크가 수많
은 페이지들을 엮고 있다. 나아가 블로그와 북마크, 트위터 등이
의미 있는 이유는 이들이 기존의 정체성이 부족한 URL들의 거
미줄이 아니라, 이제는 영구적인 링크라는 개념의 정체성을 가진
URL 주소 체계가 되어가고 있다는 점이다. 각각의 블로그와 트
위터는 그 사람 자체 또는 작성자가 만들어놓은 가상의 정체성을
일정하게 유지한다. 그렇지만 이러한 가상의 공간에 떠 있는 블로
그를 실시간으로 알아볼 수 있는 방법은 없다. 우리가 직접 찾아
들어가기 전에는 말이다.

이를 위해서 검색이라는 것이 존재하는 것이다. 구글로 검색을
하는 가장 큰 이유는 결국 원하는 페이지나 정보를 찾기 위함이

다. 그런데 현재의 구글 검색은 기본적으로 실시간으로 올라오는 최신성보다는 로봇이 찾아와서 복사를 한 페이지를 분석하고, 여기에 얼마나 많은 링크가 붙어 있고, 키워드나 본문에 들어 있는 단어 등을 참고로 하여 검색의 순위를 결정하기 때문에 실시간과는 거리가 멀다.

이에 대한 대안으로 급부상하고 있는 것이 실시간 웹으로의 변화를 촉진하고 있다는 평가를 받는 트위터다. 이렇게 트위터의 실시간 정보성을 바탕으로 한 검색은 쌍방향의 특성을 최대한 유지하면서도, 현재 전 세계에서 가장 인기 있고 관심 많은 정보가 어떤 것들인지 쉽게 찾아줄 수 있다. 이러한 실시간 변화에 잘 대응하는 광고나 비즈니스 마케팅, 영업 또한 인기를 끌 것이다. 2009년에 있었던 허드슨 강에 추락한 비행기 사고를 가장 빨리 알린 사람이 누굴까? 웹 2.0 아티스트를 꿈꾸는 제이슨 콧케Jason Kottke라는 사람이었다. 제이슨은 자신의 웹사이트에 무선 환경을 이용해 빠르게 웹서핑하면서 사건을 지속적으로 업데이트했다. 즉 가장 빠른 속도의 업데이트가 일어난 중계의 컨트롤 타워 역할을 하게 된 것이다. 멀리 갈 것도 없이 국내에서도 시민 기자들의 속보와 방송을 이용한 실시간 중계의 위력은 촛불 시위를 통해서도 느낄 수 있었다. 이런 변화는 기존의 웹 환경에서는 쉽지 않았던 일이다. 실시간 스트리밍과 모바일 웹 그리고 트위터와 같은 단문 메시징 등 실시간 웹 환경이 발전하면서 이런 실시간을 다투는 인터넷 환경은 또 다른 대세가 될 것이다.

콘텐츠와 사용자·개인 중심의 사회 변화

기존에 우리가 비즈니스를 추구하던 방식은 콘텐츠가 아닌 제조업 중심이었고, 이는 결국 사용자 중심이 아니라 공급자 위주의 생산 결과물이다. 적당히 만들면 사용자들은 충분히 만족하고 구매할 것이라고 판단하고, 소위 말하는 마케팅과 영업력을 이용해서 공급자가 밀어내기 방식으로 소비를 강제하는 방식이다. 사실 일반인들은 느끼지 못하지만, 수많은 제조업체들이 이러한 사고 방식을 가지고 있었고, 현재도 그럴 것이다.

이는 제조업체에만 국한되는 문제는 아니다. 사실 그동안 국내 시장 문화는 모바일 비즈니스를 위한 콘텐츠를 거의 만들지 않았고, 그와 관련한 환경도 구축되지 않았다. 그렇지만 미래에는 소비자들이 주도자가 되어 비즈니스의 방향을 선도하게 될 것이고,

여기에 잘 적응하고 따라오는 회사들과 그렇지 못한 회사들의 차이가 극명하게 드러날 것이다.

불과 얼마 전까지만 하더라도 의사전달과 관련하여 가장 중요했던 수단은 매스미디어뿐이라고 할 정도로 그 의존도는 매우 높았다. 우리는 매스미디어에 의존하는 사회를 '대중사회'라고 불렀고, 수많은 사람들이 자신들이 가지고 있는 개성과 창의성보다는 유행과 대중이 모두 비슷한 생각을 가지고 살아갈 것을 강요받아 왔다. 이러한 대중사회에서는 본질적으로 대중 속에 한 개인의 가치가 함몰되는 현상이 벌어지게 되는데, 이는 인간의 역사를 놓고 볼 때 결코 바람직하지도 않고, 오래가서도 안 되는 현상이다. 미디어는 오로지 매스미디어이고, 매스미디어를 통해 뉴스를 전달받으며, 세상 모든 의미도 매스미디어를 통해 전달받는 사회에서는 한 개인의 가치가 그리 중요하지 않았고, 매스미디어에 생명력을 공급하는 '기업'들이 주인이나 마찬가지였다. 하지만 최근의 변화는 개인이 스마트폰을 이용한 개인화 과정을 거쳐 스스로 중요한 존재라는 것을 인지하고, 개인의 욕구가 자연스럽게 반영되고 이를 성취할 수 있는 가능성을 열어준다는 점이 무엇보다 중요하다. 과거에는 미디어가 알려주지 않으면 제대로 된 사실을 알 방법이 없었지만, 이제는 그런 사회가 아니다.

이런 사회의 변화 양상에 맞추어 기술과 미래도 변해나가는 것이 순리라고 생각하면, 미래의 인터넷과 웹에 있어 가장 중요한 변화의 키워드로 '개인화personalization'가 빠지지 않고 등장하는 것은 어찌 보면 당연하다. 앞으로 보다 개인들의 판단을 돕는 다양한 기술과 서비스들이 선을 보일 것이며, 이런 기술들을 잘 활용하게 된다면 개개인들의 능력은 날이 갈수록 높아만 갈 것이다.

다양하고 혁신적인 인터페이스 기술

최근 사용자 인터페이스와 관련된 기술의 중요성이 날로 높아만 가고 있다. 웹 2.0의 성공은 이미 인터넷이라는 곳이 단순히 정보를 일방적으로 가져오는 곳이 아니라, 양방향성과 커뮤니케이션의 중요성에 대한 인식을 불러일으켰고, 이러한 양방향성은 웹과 서버 그리고 작고 다양한 클라이언트에 모두 맞출 수 있는 형태의 새로운 사용자 인터페이스를 요구하기 시작했다.

웹 환경 역시 이러한 전반적인 트렌드가 적용되는 것일까? 분명한 것은 HTML이 탄생한 수십 년 전의 환경과 현재의 웹 환경에는 엄청난 차이가 있다는 것이다. 정보가 일방적으로 전달되던 것에서 다양한 사용자의 입력이 동적으로 적용되는 요구가 늘어 났다는 점이 큰 영향을 미치고 있다. 확실히 새로운 웹 기술에 대한 수요가 늘고 있는 것이다.

그런 측면에서 최근의 변화는 과거 공급자 측에서 마케팅 수단으로 늘려나가던 기호와는 분명한 차이가 있다. 공급이 아닌 정보를 소비하는 소비자 쪽에서의 필요성이 증대되고 있고, 이를 맞추기 위한 기술들이 나타나고 있는 것으로 봐야할 것 같다. 아마도 이와 같은 차세대 웹으로의 진화를 위한 웹서비스들은 지속적으로 늘어날 것이다. 일부는 각광을 받을 것이고, 일부는 사라져가겠지만, 전체적인 방향성은 바뀌지 않는다.

미래를 준비하는 기업경영 방식의 변화

지금까지 미래의 인터넷과 웹 환경의 변화에 대한 이야기를 했다면, 이번에는 이렇게 빠르게 변하는 세상에서 기업경영을 어떤 방식으로 해야 할 것인지에 대한 고민에 답을 해보도록 하자. 최근의 혁신 경향을 보면 과거에 비해 점진적인 형태를 가지기보다는 훨씬 파괴적disruptive인 경향을 보이는 경우가 많은 것 같다. 특히 고객과 소비자의 요구를 적극적으로 반영하는 형태의 변화가 눈에 띄며, 초기에는 IT와 모바일 산업 분야의 혁신이 두드러졌지만, 날이 갈수록 전통산업, 특히 제조업과 유통업, 서비스 산업의 새로운 산업혁명이 눈앞에 다가왔다고 해도 과언이 아닐 정도로 많은 변화가 시작되고 있다.

총체적 품질 관리에서
총체적 경험 관리의 시대로

그중에서도 가장 큰 변화의 키워드를 꼽으라고 한다면, 개인적으로 TQM Total Quality Management(총체적 품질 관리)의 시대에서 TEM Total Experience Management(총체적 경험 관리)의 시대로의 발전, 그리고 공급자 중심의 사업철학에서 소비자(고객) 중심의 사업 철학으로의 변화가 가장 중요하다고 생각한다.

과거에는 소비자들이 브랜드와 상호작용을 할 때, 생산 관리의 혁신을 통해 소비자가 만족할 만한 제품을 공급하는 것에 총체적인 역량을 쏟아 넣는 것으로 충분했을 수 있지만, 미래의 경영에서는 소비자의 충성도를 얻기 위해서는 여기에 더해 브랜드 아래에서 소비자와의 상호작용과 경험들을 서비스 틀 안에서 지속적으로 관리를 하는 것이 필요해졌다. 그런 측면에서 단순한 제조업이 아니라, 제조-서비스 융합의 패러다임이 필수적인 요소가 된 것이다.

이런 목표를 달성하기 위해서는 그 어느 때보다 고객들과의 접점이 중요하다. 고객과의 접점은 대중매체와 같은 일방적인 전달 통로보다는 페이스북이나 트위터, 유튜브와 같은 소셜 웹 서비스를 통해서 그 어느 때보다 직접적이고 친밀한 관계 형성이 가능해 졌으며, 고객들을 통한 피드백과 모니터링을 통한 지속적인 혁신과 협업을 지속하는 기업이 성공할 가능성이 높아졌다. 이는 과거 기획·생산을 담당하던 부서와 마케팅·영업, 그리고 사후관리를 담당하던 부서가 서로 분리되고 순차적으로 일을 했던 것과는 크게 달라진 개념으로, 기획·생산·마케팅·영업·사후관리에 이르는 제품·서비스 전 주기에 걸쳐 고객과의 직접적인 소통과 피드백을 통한 장기적인 교감 형성 및 사용자 혁신을 가능하도록 유연하게 경영 프로세스를 개선하는 것이 경쟁력을 갖추게 하는 데 커다란 도움이 될 것이다.

브랜드 관리, 제품이 아니라 사용자 혁신 플랫폼이다

여전히 브랜드의 역할은 중요하다. 그런데 과거에는 주로 특정한 제품군의 단순한 물리적 이미지를 연상시키는 역할을 담당했다면, 이제는 고객들과의 관계를 통해 사용자 혁신 플랫폼으로서의 이미지를 각인시킬 필요가 있다.

또한 위기 관리의 대상으로 소비자 그룹들이 하나의 팀으로 대처할 수 있는 구조를 만드는 것이 중요하며, 이를 위해서는 신뢰 구축이 필수적이다. 소비자들의 불만에 대한 변명을 일삼는 것이 아니라, 같이 개선해 나가는 브랜드라는 이미지를 심어주고, 그들의 아이디어와 혁신 요소를 끊임없이 채용하고, 그 결과를 알려주는 프로세스를 가상의 플랫폼 형태로 구축해야 한다. 최근에 있었던 도요타의 위기는 이런 측면에서 소비자와의 단절이 가장 커다란 문제점이었다고 말할 수 있으며, 내부에서의 점검 체계 이상으로 적극적인 대처와 공개적인 혁신이 있었다면 발생하지 않았거나 최소한 그 파장을 많이 줄일 수 있었을 것이다.

소통의 혁신

이런 변화의 핵심에는 소통의 혁신communication innovation이 자리 잡고 있다. 기업의 내외부 소통이 모두 적극적인 형태로 변해야 하며, 특히 마케팅·영업 부분과 같이 외부소통을 맡고 있는 부서의 경우 단순히 기업의 입장을 전달하고, 자신들이 원하는 방향으로 고객들을 끌고 나가는 일방통행의 전통적인 마케팅 방식을 이용하는 것이 아니라, 보다 밀접한 관계 형성engagement을 통해 의견을 주고받는 쌍방향 언로를 만들어내는 것이 중요하다.

또한 기업의 입장에서 현재 자신들이 직접 제공할 수 없지만, 고객들의 보다 나은 경험을 위해 필요한 요소를 다른 기업이 가지고 있다면, 이를 파악하고 해당 기업과의 적극적인 협업을 추진해야 한다. 협업을 하기 위해서는 설득을 위한 전략과 모두가 이길 수 있는 정교한 환경디자인environmental design이 필요하므로 넓은 시각을 가진 전략가의 역할이 중요해진다.

인터넷은 지속적으로 소비자들의 지식과 역량을 키워나갈 것이며, 이런 커다란 역량에 대해 불안해하고 방어적인 태도를 취하기보다는 적극적으로 끌어안아서 소비자들이 기업의 역량을 키워나갈 수 있는 DIY 플랫폼을 구성하고, 소비자들의 역량으로 그들의 새로운 창조의 힘을 플랫폼을 이용하여 더욱 커다란 부가가치를 같이 창출할 수 있도록 돕고, 여기에서 나온 열매를 함께 나눌 수 있는 전략을 만드는 데 온 힘을 기울여야 할 것이다.

작은 기업의 영향력이 커진다

소비자와 마찬가지로 앞으로 다가오는 미래 환경에서는 협업이 가능한 작은 기업들의 영향력도 커질 수밖에 없다. 작은 기업은 큰 기업보다 변화에 대한 적응 속도가 빠르며, 혁신의 힘도 강한 경향이 있다. 이들의 역량을 쉽게 받아들여서 같이 커져갈 수 있는 구조를 만드는 협업 체계를 갖춘 대기업-중소기업-소비자 그룹은 또 다른 대기업-중소기업-소비자 그룹과 경쟁하는 일종의 컨소시엄 대결구도를 만들 가능성이 많으며, 결국 이들의 경쟁은 컨소시엄의 혁신성과 협업의 역량 총합에 따라 승패가 갈리게 될 것이다. 그 대표적인 사례가 최근 볼 수 있는 "애플 + 독립 콘텐츠 사업자 + 강력한 지지 소비자군 vs. 구글 연합군"의 구도로, 결국 이들의 총체적인 협업의 힘과 시스템의 효율에 의한 경쟁이 이루어지게 된다.

개방형 리더십의 시대가 온다

공유sharing와 협업collaboration이라는 단어가 최근 웹 2.0과 소셜 웹을 바탕으로 한 새로운 비즈니스 패러다임의 가장 중요한 단어로 떠오르고 있다. 바야흐로 공유의 문화가 일반화되고 있다고 할 수 있는데, 이런 공유의 문화에 있어 가장 중요한 것은 무엇일까? 그것은 아마도 관계relationship일 것이다.

공유와 협업을 위한 새로운 관계를 만드는 것이 새로운 비즈니스를 만들어가는 가장 중요한 단계가 되고 있다. 과거에는 명령과 컨트롤command & control을 통해 생산성을 극대화하는 노력이 중요했다면, 이제는 외부와의 적극적인 관계를 통해 새로운 가치를 창출할 수 있는 공유와 협업의 정신이 더욱 중요하다.

그런데 이런 새로운 비즈니스의 규칙에 대해, 과거의 전통적인 기업이나 개인이 생각보다 잘 적응하지 못하고 있다. 소셜 비즈니스나 소셜 웹에 대한 대처에 어려움을 겪는 가장 큰 이유는 아마도 기업들이 아직도 관리와 컨트롤에 대한 미련을 가지고 있기 때문일것이다. 그중에서도 리더십의 문제가 가장 심각하며, 이런 새로운 패러다임 변화에 적응하기 위한 개방형 리더십을 가질 수 있는지 여부가 앞으로의 성공을 좌우하는 시대가 되어가고 있다. 서로의 필요를 위해 공유와 협업을 하려면 현재 가지고 있는 컨트롤이라는 권력을 내려놓는 자신감이 무엇보다 중요하다.

세계적인 리서치·마케팅·PR 회사인 포레스터 리서치의 부사장으로 재직 당시 《그라운드스웰Groundswell》이라는 베스트셀러를 공저하고, 현재는 앨티미터 그룹Altimeter Group을 이끌고 있는 샬린 리Charlene Li는 최근 《개방형 리더십Open Leadership》이라는 책을 통해 이런 부분을 특히 강조하고 있다. 그녀는 개방openness의 10가지 요소를 크게 정보공유information sharing와 의사결정decision making의 차원에서 나누고 있다. 정보공유를 위해서는 설명Explaining, 업데이트Updating, 대화Conversing, 오픈 마이크Open Mic, 크라우드소싱Crowdsourcing, 플랫폼Platforms의 6가지 요소를, 의사결정과 관련해서는 중앙집중Centralized, 민주적Democratic, 자기관리Self-managing, 분산Distributed의 4가지 요소를 꼽았다.

그리고 소셜 전략의 차원에서 학습Learn, 대화Dialog, 지지Support, 혁신Innovate이라는 4가지 키워드를 이야기하고 있는데, 언제나 학습에서 시작하여야 하며, 이를 위해 소셜 모니터링 도구를 활용할 것과 커뮤니티와의 대화, 관계가 있는 사회적 조직에 대한 지지, 그리고 이러한 과정을 통해 들어온 피드백을 적극적으로 활용한 혁신을 이룰 때 성공할 수 있다고 강조하였다. 그리고 무엇보다 실패에 대해 용인Embrace Failure하는 문화와, 신뢰를 구축하고 적절한 위기 관리를 하는 것이 중요하다고 주장한다.

 오프라인 비즈니스 혁명

이와 같이 우리에게 놓인 여러 가지 상황의 변화는 전통적인 경영학의 이론을 크게 흔들어놓고 있다. 앞으로는 보호와 관리보다는 혁신이 자리 잡을 수 있는 문화와, 외부의 협업 대상자들과의 협업을 증진시킬 수 있는 새로운 경영기법들이 각광받을 것이다.

디자인 씽킹과
미래의 관리 패러다임

최근 세계의 관점으로 시각을 넓혀보면, 선진국의 부는 늘어가고, 못사는 나라들은 날이 갈수록 가난에 시달리는 글로벌 양극화가 진행되고 있다. 국가간의 격차뿐만 아니라, 한 나라 내에서도 계층간 격차가 커지고 있으며 이것이 가장 중요한 사회적 문제로 부각되고 있다.

그에 비해 못사는 나라일수록 인구가 빨리 증가하고, 선진국들은 되려 인구감소와 이에 따른 미래 성장 동력을 찾는 문제로 골머리를 싸매고 있다. 동시에 전 세계에서 공히 지구온난화와 자연재해에 따른 피해가 급증하고 있으며, 교통의 발달로 나라를 옮겨다니는 이민자들이 급증하면서 또 다른 사회문제가 진행되고 있는데, 이런 현상은 시간이 지날수록 심화되고 있어 사회의 불안

요인이 되고 있다. 저소득층의 증가와 고령화로 인한 전반적인 건강문제와 의료 비용의 증가도 커다란 고민거리가 아닐 수 없다.

　기술 발전은 과거에 생각하지 못한 속도로 진행되고 있고, 사회의 복잡성이 증가하면서 과거의 비교적 단순했던 사회체제가 이런 사회 변화의 속도를 따라잡지 못하는 현상으로 인해 제도와 기존의 질서에 대한 불만이 높아가고, 궁극적으로 이런 불만 요소가 쌓이면 사회의 전반적인 안정성을 깨뜨릴 수 있는 위협 요인이 될 수밖에 없는 상황이다.

가치와 행동의 위기, 그리고 개방형 혁신

　이런 와중에 인터넷이 등장하면서 과거에는 없었던 수많은 새로운 서비스와 경험의 가능성이 열리고, 제품과 서비스의 개인화가 보다 정교하게 진행될 수 있었다. 소셜 웹은 수많은 사람들의 직접적인 소통의 채널을 열었고, 소셜 웹의 규칙은 과거보다 훨씬 강력한 투명성transparency, 효율성efficiency 등을 요구하고 있으며, 이런 정신은 인터넷과 무관한 전통산업으로 파생되면서 새로운 세상의 규칙과 문화의 탄생으로 나타나게 될 것이다. 실베인 코통

Sylvain Cottong은 이를 글로벌 문화위기global cultural crisis 또는 가치와 행동의 위기crisis of values and behaviors로 표현하였다.

이런 세상의 변화에서 결국 가장 명확한 것은 아이러니하지만 불확실성과 변화이며, 지속적인 불확실성과 변화가 가장 확실한 세상의 변화 방향이 되어가고 있기 때문에 이를 포용할 수 있는 새로운 세상의 규칙과 문화를 받아들이지 못한다면 결국 미래에 적응하기 어려워질 것이다.

이를 극복하기 위한 가장 중요한 방법론이 바로 "개방형 혁신Open Innovation"일 것이다. 회사, 조직, 더 크게는 국가나 세상이 이런 변화의 물결을 담아내지 못한다면 결국 위기에 직면하게 될 것이다. 그렇지만 현재 우리의 생활이나 비즈니스는 너무나 급격한 변화를 견디기 어렵다. 이를 극복하기 위한 또 하나의 선택으로 디자인 씽킹design thinking을 일종의 관리 패러다임management paradigm으로 적용하자는 움직임이 최근 활발하다.

미래의 관리 패러다임 변화

관리 패러다임과 이론은 인류 역사에 있어서 지배의 문화ruling culture와 밀접한 연관성을 가지고 있다. 초기 농경사회에서 산업사회가 되기 이전까지는 부족과 국가의 중앙집중적인 지배 구조가 가장 중요하였고, 이때에는 일사분란하게 움직이고 반란이 일어나지 않도록 감시하되, 적절한 인센티브를 통해 민심을 다스리는 것이 가장 중요한 관리 패러다임이었다. 산업혁명 이후에는 폭발적인 생산력 증대가 이루어지면서, 지배는 기업이나 기관 단위로 이루어지게 되며, 생산의 효율화가 가장 중요한 목표가 된다. 이때 생겨난 것이 매우 분석적이고 논리에 의존한 관리 패러다임으로, 이것이 현재까지도 대부분의 사회 영역에 적용되고 있다. 그러나 이러한 패러다임은 미래의 패러다임으로는 적합하지 않다. 미래의 관리 패러다임은 인간중심적이면서 투명하고 직관적이며 보다 즐겁고 많은 사람들이 보편타당하게 받아들일 수 있는 가치를 중시하는 방향으로 발전하게 될 것이다.

과거에는 제품으로 통칭되는 제조업 기반의 산업이 튼튼한 밑바탕으로 작동했다면, 앞으로는 경험experience이 가장 중요하다.

제품이든 서비스든 아니면 웹사이트나 정부의 정책까지도 결국 소비자들이 평가하고, 그에 맞추어 구매하고 비용을 지불하거나 투표를 하는 등의 행위로 이어지게 되는데, 평가의 근간은 전체적인 경험에 기반을 둔다. 경험을 만들어내는 쪽에서는 경험이 가능한 한 효과적이고 효율적이며, 동시에 구현 가능한 것이기를 바라고, 경험을 소비하는 쪽에서는 경험이 유용하고, 믿을 수 있고, 즐겁고, 욕구를 충족시켜줄 수 있는 것이기를 바란다. 여기에서 언급된 대부분의 단어들은 경험에 대해 문화적으로 수용이 가능해야 하는 것들이기 때문에 디자인 씽킹이나 경험 디자인experience design 방법을 통해 문화적으로 받아들일 수 있으면서 동시에 원하는 멋진 경험을 만들어낼 수 있도록 하는 것이 중요하다. 물론 경제적인 가치도 있으면 더욱 좋을 것이다.

디자인 씽킹 프로세스

이렇게 새로운 미래형 관리 패러다임으로 부각되고 있는 디자인 씽킹 프로세스에는 어떤 왕도가 있는 것은 아니지만, 토론토대학의 로저 마틴Roger Martin이나 IDEO의 팀 브라운Tim Brown에 따르면 보통 이해와 정의understand & define, 관찰과 연구observe & research,

아이디어화와 공동창작Ideate & Cocreate, 선택Choose, 프로토타입과 테스트Prototype & Test, 구현과 학습Implement & Learn이라는 단계를 거친다고 한다.

　이러한 과정은 비선형적인 특징을 가지며, 가능한 한 많은 사람들과 상호작용을 해야 하기 때문에 눈에 보이도록 그려내거나, 도식화를 통해 생각을 진행하며, 스토리를 이야기하고, 역할극 등을 통해 되도록 많이 구체화시켜야 한다. 가능한 한 실험을 많이 하고, 즉석에서 그려내는 등의 직관적인 접근을 하는 것이 좋으며, 위험 부담을 조금은 감내하고 실패를 많이 해보고 되도록 일찍 해보는 것을 장려하도록 한다. 팀을 구성할 때에도 다양한 분야의 사람들이 한 팀을 이루는 것이 좋고, 신뢰와 공감을 중심 가치로 하되 가능하면 낙관적인 시각을 가지는 것이 좋다. 또한 사람들이 서로 다른 생각을 하고, 별난 시각을 가지는 것을 장려하고 기존에 존재하는 프레임워크에 갇혀 있지는 않은지 끊임없이 의심하는 버릇을 가지도록 노력해야 한다.

　이러한 디자인 씽킹 프로세스는 비즈니스 기획을 할 때에도 적용될 수 있는 매우 창의적인 방법론이다. 특히 고객의 경험을 증진시키기 위해 전략을 짜고, 브랜드를 활용하며, 소통과 물리적인 환경을 어떻게 만들어나갈 것인지에 대해서 디자인 기법을 이용하면 많은 도움이 된다. 이 분야에 있어 세계 최고의 대가인 토론토 대학의 로저 마틴 교수는 문제를 풀어나가는 것 자체에 초점을 두면서, 협업과 지속적인 시도를 통한 숙달을 중시하며, 도전적인 자세와 열정을 잃지 말라고 충고한다.

이와 같이 미래를 대비하는 사람들이라면, 디자인 씽킹과 관련한 다양한 원리에 익숙해질 필요가 있다. 기본적으로 사회의 변화가 많고, 적응력을 빨리 키우는 것이 중요할 때에는 과거의 프레임에 익숙해져서 일을 빨리 처리하고 숙련되는 것보다는, 문제가 발생했을 때 이를 현명하게 처리할 수 있는 문제해결 능력을 기르고, 새로운 가치의 창출을 위해 창조적인 생각과 과감하고 적극적인 협업을 시도할 수 있어야 한다. 이러한 기본적인 원칙들을 마음에 담아둔다면 개인의 생활과 사업, 그리고 조직과 국가에 이르는 많은 사회의 단위에서 과거보다 훨씬 역동적이고 진보된 결과를 얻을 수 있을 것이다.

1인 창조 기업에도 경영이 필요하다

최근 1인 창조 기업에 대한 관심이 부쩍 높아지고 있다. 이는 일시적인 현상이라기보다는, 경기가 회복되더라도 지속될 가능성이 높은 사회 변화의 양상으로 보아야 한다. 반드시 1인은 아니더라도 창의적인 기획력을 가진 소수의 사람들이 회사를 만들고 이를 운영하는 상황이 많아질 것이며, 서로의 협업과 기존의 조직들과의 상호작용을 통해 우리 사회가 보다 건전하게 발전할 수 있도록 많은 고민이 필요하다. 이런 변화는 비단 우리나라에서만의 상황은 아니다. 미국에서는 우리보다 훨씬 먼저 이런 고민이 시작되었고, 소위 프리에이전트나 프리랜서로 불리는 1인 사업자들이 점점 많아지고 있으며, 이들의 역할도 점점 커지고 있다. 그런데 1인 창조 기업이 성공하려면 어떻게 해야 할까? 물론 좋은 창업 아이템과 역량이 있어야 하겠지만, 1인 창조 기업에도 경영이 필요하다. 자칫 자신이 직접 한다는 것 때문에 나태해지기도 쉽고, 쉽게 포기할 수도 있기 때문에 마음을 다잡고 철저하게 경영하지 못한다면 결국 1인 창조 기업은 파산하게 될 것이다.

분명한 목표를 정하라

무엇보다 중요한 원칙은 자신이 무엇을 하려고 하는지 분명한 목표를 정하는 것이다. 일을 하다 보면 다양한 기회가 올 수밖에 없는데, 자신이 무엇을 하려는지에 대한 목표를 정해두지 않으면 바람에 흔들리는 갈대처럼 이리저리 흔들리다가 뚜렷한 성과를 내지 못하게 될 가능성이 많다. 뚜렷한 목표가 있다면 기회가 왔을 때 이를 잘 평가해서 확실히 잡을 것인지, 아니면 흘려 보낼 것인지에 대해 분명한 판단을 할 수 있다.

기회가 왔을 때 잡을 준비를 하라

목표를 정했다면 기회가 왔을 때 잡아야 하는데 이를 위해서는 준비가 철저히 되어 있어야 한다. 목표가 맞을 때라도 역량이 없고 준비가 되어 있지 않은 경우에 선불리 시작하면 실패의 확률이 높아질 수밖에 없다. 그리고 역량이 있고 준비가 되어 있는 사람은 좋은 기회라면 잡아야 한다. 의외로 많은 1인 창조 기업들이 좋은 기회가 있을 때 적극적으로 뛰어들어야 함에도 이를 저울질하다가 시기를 놓치는 경우를 많이 보는데, 결국 나중에 후회

하기보다는 1인 창조 기업이 가진 최고의 장점인 과단성과 신속함을 앞세워 시도를 해보는 것이 좋다. 특히 실패를 하더라도 그를 통해 얻는 경험이 있으며, 타격은 대기업은 물론 여러 명이 같이하는 작은 회사보다도 훨씬 적기 때문에 빠른 실행력은 1인 창조 기업의 핵심 역량으로 가장 중요시할 필요가 있다. '이런 경우', '저런 경우'를 모두 따지다가는 결국 기회는 떠나가버릴 것이다. 물론 가장 기본적인 위험-보상risk-reward 분석은 하는 것이 좋다. 그리고 최악의 시나리오와 최선의 시나리오를 따져보는 정도의 신중함은 필요하다.

구체적인 행동의 원칙을 세운다

전체적인 목표가 있더라로 구체적으로 어떤 것을 할 것이고, 어떤 것을 하지 않고 피할 것인지에 대한 원칙을 정하는 것이 좋다. 몇 가지 참고할 만한 원칙으로는 다음과 같은 것들이 있다.

● 결과를 만드는 일을 한다

조직에 있을 때에는 일을 현명하게 하거나 열심히 한다고 커다란 보상의 차이가 있지는 않지만, 혼자서 일을 할 때에는 엄청난 차이가 난다. 또한 자신의 판단에 따라 일을 하기 때문에 모든 일에 대한 일정 정도의 결과는 반드시 나타나기 마련이며, 이런 결과에 대해 자신이 책임을 질 수 있는 자세가 중요하다.

● 자신이 정말 좋아하는 사람들과 일을 한다

동료는 언제나 소중하다. 직장에서의 동료는 자신의 결정에 따라 바꿀 수 있는 것이 아니지만, 1인 창조 기업의 경우 고객을 포함하여 함께 일하는 사람은 자신이 결정한다. 결과도 중요하지만, 1인 창조 기업 역시 혼자서 할 수 있는 것은 아무것도 없는 법. 정말 좋아하는 사람들과 열정을 불태우면서 일을 할 수 있는 것을 최우선의 목표로 한다.

● 자신만의 목표와 스케줄을 정한다

구체적인 할 일의 목록과 이를 수행하기 위한 목표, 그리고 스케줄을 세워야 한다. 특히 개인의 생활을 모두 관리하는 만큼, 이를 모두 고려한 적절한 업무 및 스케줄 관리는 매우 중요하다. 과도한 욕심으로 모든 일을 하겠다고 해서는 안 된다. 휴식과 재충전에 필요한 시간도 반드시 염두에 두어야 한다.

● 새로운 곳에 가고, 새로운 사람을 만난다

기존의 인맥이나 알고 있는 산업, 그리고 장소 등에 집착하지 말고 가능한 한 새로운 영역을 탐구해서 자신의 역량을 펼칠 수 있는 곳을 끊임없이 탐구해본다. 역량이 있고 찾는 사람이 있다면 무엇이든 두려워하지 말라.

● 고객들을 자주 만난다

비록 어떤 계약을 맺거나, 사업의 관계로 엮이지 않았다 할지라도, 언제나 나에게 도움이 되거나 나의 발전을 자극할 수 있는 많은 고객들을 만나는 것이 좋다. 비록 공짜로 아이디어를 주거나 자문을 하는 것처럼 보이더라도 이것이 어디로 사라지는 것은 아니다.

● 실패를 두려워하지 말라

어떤 프로젝트도 완벽하게 성공한다는 것은 거의 어렵다. 정도의 차이가 있어서 그렇지 이런저런 실패를 경험하기 마련이고, 우리는 실패를 통해 많이 배우게 된다. 그러므로 기본적으로 실패를 두려워하지 말아야 한다.

한계를 명확히 인식하고 필요하면 변신하라

1인 창조 기업은 일반 기업과 같은 방식으로 운영할 수 없다. 속성상 기본적으로 1) 나 자신이 있을 때만 비즈니스가 굴러가며, 2) 자신의 범위를 넘는 크기로 확장할 수 없으며, 3) 가족과 건강 상의 문제가 발생할 경우 위기 대응이 안 된다. 슬프지만 이런 한계를 명확히 인식하지 못하고 폭주하게 되면 뒷감당을 할 수가 없다.

1인 창조 기업의 비즈니스 모델은 적은 수의 고객들과 심화된 관계를 유지하면서 이들이 어느 정도 이런 위험과 한계에 대해 이해하고 도와줄 수 있는 신뢰를 쌓거나, 많은 수의 고객들에게 보다 낮은 비용으로 더 나은 서비스나 제품을 제공하는 것으로 크게 나누어볼 수 있다. 적은 수의 고객들에게 높은 수준의 서비스를 제공하는 것이 좋아 보이지만, 이들과의 관계가 틀어지거나 잘 맞지 않는 경우가 생겨난다면 이것이 위험 요소가 될 수 있다. 많은 수의 고객들을 대상으로 하는 경우라면 때에 따라서는 여러 명과 협업하는 기업화도 반드시 고려해보아야 한다. 1인 창조 기업을 고집하기보다는 명확한 한계를 인식하고 상황에 맞는 판단을 내리는 유연함이 중요하다.

돈보다는 장기적인 영향력을 더욱 염두에 둔다

당장 먹고살기 힘든 경우에는 쉽지 않은 결정이지만, 당장의 돈벌이보다는 장기적인 효과를 생각하는 버릇을 들이는 것이 좋다. 1인 창조 기업을 한다고 눈앞의 돈벌이에만 급급하여 적은 시간을 투자해서 많은 돈을 벌 수 있는 일만 해서는 그 생명력이 짧다. 가능하면 노력한 결과가 쌓이고, 이것이 이후에 부차적인 새로운 기회 또는 결과를 만들어낼 수 있는 일을 선택하는 것이 좋다.

같은 맥락에서 처음에 다소의 노력이 들어가는 일이고 경제적인 보상은 적더라도, 일단 자신의 시간을 투자해서 무엇인가를 만들어놓으면 이후에 비슷하거나 연관된 일을 하게 될 때 추가로 투입되는 자원은 매우 적은 일은 적극적으로 하는 것이 좋다. 이렇게 장기적인 효과를 감안한 전략적 결정을 내리는 것이 중요하다.

보상에는 금전적인 보상도 있겠지만, 얼마나 즐겁게 일을 할 수 있으며, 좋은 사람들을 만나고, 이들과 사회적 가치를 만드는가도 매우 중요하다. 비록 돈 한 푼 받지 못한다 하더라도 이런 작업을

통해 새로운 기회를 얻을 수도 있고, 자신의 경험도 훨씬 늘릴
수 있다.

무엇을 만들어야 하는가?

● **콘텐츠와 청중** Contents and Audiences

콘텐츠는 사람들의 주목을 끌 수 있는 가장 중요한 핵심 역량
이다. 또한 이를 통해 고객을 끌어들일 수 있다. 그러므로 콘
텐츠의 생산을 게을리해서는 안 된다. 그것이 어떤 형태이든
말이다. 콘텐츠는 또한 쌓여서 가장 소중한 개인 자산이 된다.
자신의 콘텐츠를 즐기는 많은 청중들을 소중히 여겨라. 이들
이 결국에는 자신에게 가장 중요한 자산이 되며 고객이 될 것
이다.

● **네트워크** Network

강한 네트워크가 없다면 좋은 기회를 얻기 힘들다. 좋은 동료
들을 만나고, 자신과 생각을 같이하는 사람들의 네트워크를
조직하고 이들과 생각을 교류하는 것은 그 어떤 것보다도 중
요한 일이다. 인간은 결국 사회적 동물이고, 네트워크를 통해

개인은 발전한다.

● **프로모션** Promotion

콘텐츠를 만들었다고 해도, 이를 실제로 사업과 연결할 수 있는 프로모션 활동을 하지 못한다면 좋은 기회를 만나기 힘들다. 다양한 방식의 프로모션에 대해서 거부감을 가지지 말고 당연한 것으로 받아들이자.

● **파트너** Partners

혼자서 일을 하는 것보다는 파트너가 있다면 훨씬 나은 제품과 서비스를 만들 수 있으며, 영향력도 확대할 수 있다. 또한 훨씬 강한 동기부여도 가능하다. 그러므로 파트너를 만들고 이들과 협업하는 데 인색하지 않아야 한다. 백지장도 맞들면 낫고, 협업은 단순한 합 이상의 결과를 만들어낼 수 있다.

● **시스템** Systems

일이 익숙해지면, 가능하다면 확장이 가능한 시스템을 만들어보려고 노력한다. 보다 많은 사람들에게 접근하고, 이를 정형화하는 시스템화가 진행이 된다면 보다 커다란 사회적 가치의 창출이 가능하다. 시스템에도 여러 가지가 있겠지만, 사람들을 매료시키고, 안정화시키고, 변화시키며, 자신의 약속을 실현시킬 수 있는 모든 것들이 가능할 것이다. 블로거라면 블로그 시스템에 대한 투자를 해야 할 것이고, 더 나은 소셜 시스템이 등장했다면 이를 적극적으로 활용하는 것도 이런 시스템을 만드는 노력의 하나가 될 것이다.

1인 창조 기업이라고 해서 자기 마음대로 무계획적으로 행동한다면 성공하기 힘들다. 개인에 대한 경영 원칙은 조직의 경영과는 다르기 때문에 전통적인 경영 이론이 적용되는 것은 아니지만, 여기서 언급한 가장 기본적인 수준의 원칙이라도 지킨다면 성공의 가능성은 그만큼 높아질 것이다.

회사는 돈이 아니라 행복이 넘치는 공간이어야 한다

4부의 마지막 주제는 우리가 생각하는 가장 근본적인 회사의 존재 이유에 대한 것이다. 필자가 많은 이야기를 직접 쓰기보다는, 2010년 읽은 책 중에서 가장 감동적이었던 《딜리버링 해피니스 Delivering Happiness》라는 책의 내용 일부를 소개하는 것으로 갈음하고자 한다. 이 책은 아마존에 합병된 회사인 재포스Zappos.com의 CEO 토니 셰이Tony Hsieh가 쓴 책이다.

재포스는 미래의 회사에 대한 가치와 지속가능한 회사란 무엇인가? 라는 질문에 창의적인 답변을 주는 회사라고 말한다. 쉽게 동의할 수는 없지만, 수백 년을 이어온 자본주의 사회에서 미래의 행복 중심 사회로 가기 위해서라도 이런 생각과 실천이 많은 사람들에게 영향을 주고, 또한 이를 통해서 성공하는 많은 젊은 기업들이 나왔으면 좋겠다.

비즈니스로 성공한 장사꾼 이야기

토니는 타고난 장사꾼이다. 어렸을 때부터 별별 것을 다 팔아 보았다고 한다. 일반적인 차고 세일이나 레모네이드 판매는 물론, 지렁이를 길러서 파는 장사도 했었다. 그러면서 많은 실패도 경험하였다. 그래서 토니는 언제나 실패가 성공의 원동력이라는 신념을 가지고 있고, 실패에서 배운 것을 바탕으로 성공에 조금씩 다가갔다고 한다. 그러면서 처음으로 큰 성공을 거둔 것이 바로 링크익스체인지LinkExchange라는 회사였다. 링크익스체인지는 하버드 대학 동기였던 산제이 마단Sanjay Madan와 함께 토니가 1996년 23세의 나이로 설립한 회사로, 인터넷 광고와 관련한 네트워크 회사였다. 이 회사는 1998년 마이크로소프트에 2억 6500만 달러라는 거액에 인수가 되면서 토니에게 큰 성공을 가져다 주었다.

다음으로 할 사업을 찾기 위해 그가 생각했던 것은 신발이었다. 동기는 매우 단순하게도 2년 동안 단 한 켤레의 신발만 신고 다녔던 자신의 경험에서 시작되었다. 신발을 사야겠다고 생각한 순간, 그보다 먼저 자신의 발이 보였던 것이다. 신문에 딸려서 온 신발 전단지를 보는 순간, 신발을 온라인으로 만드는 회사를 설립해

현재 4백억 달러에 이르는 신발 시장의 5%만 온라인에서 장악할
수 있다면 20억 달러 매출을 올리는 회사로 키울 수 있다는 아주
단순한 계산으로 재포스에 투자를 하였고, 이 회사는 결국 크게
성공하면서 아마존에 인수합병되어 아마존의 문화를 바꾸는 데
에도 커다란 역할을 하고 있다는 후문이다.

즐거움과 열정이 넘치는 회사

무엇보다 재포스가 대단한 것은 즐거움과 열정이 넘치는 회사
로 성장했다는 점이다. 언제나 회사 생활이 즐겁도록 많은 파티와
음악, 그리고 즐거운 놀이가 넘치도록 하였고, CEO부터 실제 회
사의 모든 직원들이 즐겁고 행복하게 회사 생활을 해나가는 것을
그 무엇보다 중요한 원칙으로 삼았다. 이렇게 행복하고 즐거운 회
사를 만들면서도, 직원들의 문화를 만드는 데 있어 하나의 마음으
로 뭉치고, 고객 서비스를 최상으로 끌어올리는 것에 모두들 집중
한다는 점에 의견을 같이하였다. 결국 고객을 행복하게 만들기 위
해서는 직원들이 행복해야 하고, 행복을 연습하고 느낄 줄 아는
사람들이 행복을 전파하고 전달할 때 고객들이 진심을 느낄 수
있다는 진리를 다 같이 터득한 회사가 되었다.

재포스는 사람을 채용할 때에도 흔히 하는 업무의 적합성과 경험, 그리고 기술 등도 보지만, 최종적인 합격 여부는 인사과에서 치르는 문화적합성culture fit이 맞아떨어져야 한다고 한다. 그리고 회사의 문화를 열 개의 핵심 가치로 정리하였는데, 가장 기본적인 것은 자신의 개인적인 가치를 회사의 가치와 매칭시킬 수 있는 사람들을 찾는 것이다. 그렇게 되면 자신의 삶이 곧 재포스의 브랜드가 되고, 회사에서 일하는 시간이 곧 자신의 개인 생활을 하는 것이 되며, 반대로 개인 생활이 곧 회사 생활이 되는 다소 꿈같이 느껴지는 이상적인 목표를 가지고 있다.

이제는 유명해진 재포스의 핵심 가치 열 가지는 다음과 같다.

- 서비스를 통해 와! 하는 탄성이 나오도록 한다.
  (Deliver Wow Through Service)

- 변화를 포용하고 이끌어 나간다.
  (Embrace and Drive Change)

- 재미를 창조하고, 약간은 이상해진다.
  (Create Fun and a Little Weirdness)

- 모험적이며 창의적인 사람이 되고, 마음을 열어라.
  (Be Adventurous, Creative and Open-Minded)

- 성장하고 언제나 배움을 추구한다.
  (Pursue Growth and Learning)

- 소통을 통해 개방적이고 정직한 관계를 구축한다.
  (Build Open and Honest Relationships with Communication)

- 긍정적인 팀을 만들고, 가족과 같은 정신을 구축한다.
  (Build a Positive Team and Family Spirit)

- 적은 것으로 더 많이 한다.
  (Do More with Less)

- 열정적이고, 단호하라.
  (Be Passionate and Determined)

- 겸손하라.
  (Be Humble)

모든 항목에 100% 동의하고 그대로 받아들일 수는 없지만, 다른 일반적인 회사들이 추구하는 가치와는 상당한 차이가 있다는 것을 많이 느낄 수 있다. 이런 원칙과 회사 문화에 적응하지 못하는 사람들은 자연스럽게 회사에서 퇴출될 수밖에 없을 것이다. 일단 채용된 사람들은 직급이나 직책, 그리고 역할에 관계없이 4주 간의 트레이닝을 동일하게 받는다고 한다. 그중에는 2주 동안 콜센터에서 실제 업무를 하는 것도 포함되어 있는데, 1주차 트레이닝을 마칠 시점에는 트레이닝 받는 기간 동안 원래 책정되었던 연봉의 일주일치와 보너스로 2천 달러를 받고 언제든지 트레이닝을 그만두거나 회사를 그만둘 수 있다고 한다. 회사에 있어 가장 중요한 가치를 돈·비즈니스가 아닌 문화로 삼는 것은 무척이나 중요한 시각의 변화가 아닐 수 없다.

어려움을 극복하고 문화 혁신을 이루다

이런 조직을 만드는 것이 쉬웠을까? 아마도 무척 어려웠을 것이다. 지금은 틀도 잡히고, 이런 문화가 회사 곳곳에 자연스럽게 녹아들었겠지만, 초창기에는 정말 이해시키기도 어려웠을 것이고, 갈등도 많았을 것이며, 창업자의 의도를 의심하는 사람들이 훨씬 많았을 것이다. 또한 초기 투자자인 세콰이어 캐피탈과의 갈등은 심각했다고 한다. 아무래도 벤처 캐피탈의 입장에서는 회사를 결국 돈을 벌어다 주는 조직으로 보았을 것이고, 이런 문화운동 등이 마땅치 않았을 것이다. 특히 닷컴버블이 꺼지고 전자상거래를 표방했던 여러 회사들이 망하는 것을 보면서 그들이 어떻게 느꼈을지는 충분히 짐작이 간다. 그래서 현금 흐름의 문제로 한참 어려움을 겪을 때에는 추가적인 투자를 받지 못했던 위기도 있었다. 이때에도 재포스를 찾는 고객들은 그런 어려움을 전혀 몰랐다고 한다. 그랬기 때문에 고객들이 신뢰하면서 그 뒤에도 지속적으로 재포스를 이용하게 되었던 것이고, 이런 단골 고객들이 결국 재포스를 최고의 회사로 일으켜 세운 원동력이 되었다.

이런 사고방식을 가지고 있기 때문이겠지만, 토니는 회사가 가상 오피스를 만들고 직접 만나서 일을 하지 않는 조직으로 변모해가는 것에 대해 부정적인 생각을 가지고 있다. 같이 생활하고, 공간을 공유하고, 직접 만나서 행복을 만들어가는 것은 원격지에서 이메일이나 그룹웨어 같은 것으로 대체할 수 있는 것이 아니라는 것이다. 그런 측면에서 재포스가 추구했던 것은 일과 인생을 통합해서 그 두 가지를 따로 분리된 것이 아니라 하나의 자신의 인생으로 느끼도록 하는 것이었다. 이런 시각은 일반적으로 일과 생활을 분리하고, 이에 대한 균형을 이루어야 한다는 생각과는 상당히 큰 괴리가 있다. 그의 시각에서는 집에서의 그 사람의 인격이나 생활이 회사에서의 인격이나 생활과 차이가 없어야 한다. 다르게 표현하면 회사에 왔을 때 집에 있을 때처럼 편안하게 느끼거나, 반대로 집으로 돌아갔을 때에도 회사에서의 생활처럼 편안함을 느껴야 한다는 것이다. 이런 환경이 된다면 진정한 창의성이 쉽게 발휘될 수 있고, 직원들도 행복해질 수 있을 것이다.

최근 재포스에서는 직원들이 힘을 모아 "딜리버링 해피니스" 버스 투어라는 것을 기획하고, 실제로 투어를 하고 있다. 이를 통해 이런 문화가 더 널리 퍼질 수 있는 일종의 문화운동을 진행하고 있는데, 국내에서도 이런 철학을 가진 회사가 성공하고, 그런 문화가 주변 회사에 좋은 영향을 미치면서 우리 삶의 경험을 조금씩이나마 바꾸어줄 수 있는 곳들이 많이 나와주었으면 좋겠다. 인생은 돈을 위해 사는 것이 아니라, 가능한 한 많은 사람들이 행복하기 위해서 살아가는 것이니 말이다.

참고문헌

1부

- **조셉 파인(Joseph Pine)의 TED 강연 : "소비자는 무엇을 원하는가?"**
  http://www.ted.com/talks/lang/eng/joseph_pine_on_what_consumers_want.html

- **마이크 매스닉(Mike Masnik)의 새로운 비즈니스 공식 :**
  CwF + RtB = Techdirt
  http://www.techdirt.com/articles/20090719/2246525598.shtml

- **메이커봇 홈페이지**
  http://www.makerbot.com

- **MIT 닐 거쉔펠드(Neil Gershenfeld) 교수의 CNN 인터뷰 영상**
  http://www.youtube.com/watch?v=Y9HDMmyDwjE

- **3D 프린팅으로 제조혁명이 일어난다는 뉴욕 타임스 기사**
  http://www.nytimes.com/2010/09/14/technology/14print.html?_r=4&ref=general&src=me&pagewanted=all

- **Freedom of Creation 홈페이지**
  http://www.freedomofcreation.com

- **퀄컴의 증강현실 플랫폼 데모 영상**
  http://www.youtube.com/watch?v=pm6jExcWr9s

- **애플의 터치스크린 RFID 태그 리더 특허**

  http://goo.gl/puji

- **증강현실과 비즈니스와의 연관 관계에 대해 하버드 비즈니스 리뷰에 실린 기사**

  http://blogs.hbr.org/sviokla/2009/10/how_will_augmented_reality_
  aff.html

- **IDEO CEO인 팀 브라운의 디자인 씽킹과 관련한 TED 강연**

  http://www.ted.com/talks/view/id/646

2부

- **포노코 홈페이지**

  http://www.ponoko.com

- **쉐이프웨이즈 홈페이지**

  http://www.shapeways.com

- **젬바라 홈페이지**

  http://www.gemvara.com

- **케이스메이트 홈페이지**

  http://www.case-mate.com

- **Laudi Vidni 홈페이지**

  http://www.laudividni.com

- **알리바바와 이베이의 협력과 경쟁 관계에 대한 벤처비트의 기사**

  http://venturebeat.com/2010/09/20/alibaba-and-ebay-more-
  competition-than-cooperation-despite-a-show-of-friendship

- 테크샵 홈페이지

  http://www.techshop.ws/

- 리모 프라이드와 필립 토론의 오픈소스 하드웨어 슬라이드 쉐어 발표 자료

  http://www.slideshare.net/adafruit/open-source-hardware-overview

- 리모 프라이드와 필립 토론의 이그나이트 발표 자료 :
  Million Dollar Baby

  http://www.slideshare.net/adafruit/open-source-hardware-foo-camp-east-2010-3995472

- 크리스 앤더슨의 2010년 1월 〈와이어드〉 기사 :
  In the Next Industrial Revolution, Atoms Are the New Bits

  http://www.wired.com/magazine/2010/01/ff_newrevolution/all/1#ixzz12c9tsK6t

- 로컬 모터스 홈페이지

  http://www.local-motors.com

- Adafruit Industries 홈페이지

  http://adafruit.com

- Threadless.com 홈페이지

  http://www.threadless.com

- Blank Label 홈페이지

  http://www.blank-label.com

- RWW에 실린 칼럼 :
  Managing Rapid, Unexpected Business Growth

http://www.readwriteweb.com/biz/2010/07/managing-rapid-business-growth.php

3부

- **StripeyLines 홈페이지**
  http://stripeylines.com

- **ShopSavvy 서비스 제작사 홈페이지**
  http://www.biggu.com

- **GroceryIQ 홈페이지**
  http://www.groceryiq.com

- **포스퀘어 홈페이지**
  http://foursquare.com

- **고왈라 홈페이지**
  http://gowalla.com

- **하버드 비즈니스 리뷰에 실린 포스퀘어와 새로운 로열티 프로그램에 관한 글**
  http://blogs.hbr.org/cs/2010/10/beyond_foursquare_the_next_gen.html

- **브라이언 솔리스의 소셜 소비자와 소셜 화폐에 대한 글 :**
  The Dawn of the Social Consumer
  http://www.fastcompany.com/1699878/the-dawn-of-the-social-consumer

- **테크크런치에 소개된 페이스북, 포스퀘어 스티커 전쟁에 대한 글 :**

Begun, The Sticker Wars Have

http://techcrunch.com/2010/11/11/begun-the-sticker-wars-have

- 포스퀘어와 펩시코의 파트너십과 관련한 기사

  http://goo.gl/CP8mj

- Miele Inspirience Center 홈페이지

  http://touch.schematic.com/2009/12/miele-inspirience-center

- 스튜 레너드 홈페이지

  http://www.stewleonard.com

- 모노클 홈페이지

  http://www.monocle.com

- DHL의 bring.BUDDY 브로셔

  http://goo.gl/PITQD

4부

- 존 캘러건의 물리적 웹에 대한 블로그 포스트 :

  "Physical Web: How Apps Can Move Atoms & Bend Time"

  http://www.trueventures.com/blog/2010/09/03/physical-web-
  how-apps-can-move-atoms-bend-time

- 디즈니 가족 암센터에 대한 인포메이션 위크 기사 :

  "Slideshow: Disney Cancer Center Offers High Tech Care"

  http://www.informationweek.com/news/galleries/healthcare/
  patient/showArticle.jhtml?articleID=225702280&pgno=2

- 베일 리조트의 혁신에 대한 패스트 컴퍼니 기사 :
  "Resort Combines Facebook Places, Gowalla, Nike+ for Social Media Skiing"
  http://www.fastcompany.com/1685877/resort-combines-facebook-places-gowalla-nike-for-social-media-skiing

- 샬린 리(Charlene Li)의 개방형 리더십 강의 슬라이드 자료
  http://www.slideshare.net/dachisgroup/charlene-li-on-open-leadership

- 실베인 코통(Sylvain Cotton)의 사용자 경험, 서비스 디자인과 디자인 씽킹에 대한 강의록 :
  User experience design, service design & design thinking
  http://www.slideshare.net/sylvain/iak2010-sc

- 로저 마틴(Roger Martin)의 비즈니스 디자인 관련 논문 :
  "The Design of Business"
  http://www.rotman.utoronto.ca/rogermartin/designofbusiness.pdf

- 크리스 가렛(Chris Garrett)의 자영업자를 위한 비즈니스 레슨 블로그 포스트 : "Claiming Your Independence – 5 Years of Business Lessons"
  http://goo.gl/X5MRe